내 가슴이 따뜻했던 날들

내 가슴이
따뜻했던 날들

작은 것에 소중해하고 감사한 마음

김이율 지음

레몬북스
lemon books

며칠 전, 집 안을 정리하다가 책들 사이에 끼어 있는 낡은 노트 한 권을 발견했습니다. 그 노트는 예전에 그날그날의 단상을 적어놓은 습작노트였습니다. 한 장 한 장 넘겨가며 잠시 그때의 마음과 생각을 훔쳐보았습니다. 부족한 글이었지만 그래도 진솔한 느낌이 있어 좋았습니다. 많은 글들 중에서 마음에 와닿는 글귀 하나를 여기에 적습니다.

우리가 살아가면서
사랑한다는 말보다 헤어지자는 말을
더 많이 내뱉는다는 사실을
당신은 아십니까

우리가 살아가면서
행복하다는 말보다 죽겠다는 말을
더 많이 한다는 걸
당신은 아십니까

우리가 살아가면서 사랑하는 시간보다

그리움의 시간이 더 많다는 걸

당신은 정녕, 아십니까

그러고 보면 우리는 늘 하루하루를 후회와 아쉬움으로 살아가는 것 같습니다.

좀 더 잘할걸. 좀 더 웃을걸. 좀 더 사랑할걸. 좀 더 엄마에게 따뜻하게 대할걸.

후회 없는, 행복한 삶을 산다는 게 그리 쉬운 일은 아닌 듯싶습니다.

그렇다고 방법이 없는 건 아니죠.

마음으로부터 새어나오는 욕심의 감정을 차단한다면 모든 것은 해결이 됩니다.

나에게 주어진 삶, 나에게 주어진 일에 만족하고 나 아닌 다른 사람들을 위해 관심 가져주고 배려해 주고 따뜻한 말과 손길을 건넨다면 행복은 줄을 지어 따라오지요.

이 책은 우리 이웃들의 거짓 없고 꾸밈없는 작고 낮은 목소리입니다.

그러하기에 오히려 더 행복할 수 있고 더 진솔한 이야기입니다.

어쩌면 이 시대를 살고 있는 우리 자신들의 모습일 수도 있겠지요.

엄마의 가슴 찡한 사랑도 있고 붕어빵 아저씨의 배려도 있고 목숨을 걸고 바다를 건너간 가슴 뜨거운 아저씨 이야기 그리고 힘든 상황을 극복하고 마침내 사랑의 결실을 맺은 아름다운 연인들도 있습니다.

이 글을 쓰는 내내 봄볕처럼 마음이 따뜻했습니다. 그리고 어느덧 나도 봄볕이 되어 통통통, 꽃잎처럼 뛰어다니고 있었습니다.

삶이 늘 평탄한 것만은 아닙니다. 살다 보면 질퍽한 진흙탕을 만날 수도 있고 또 어떤 날은 울퉁불퉁한 자갈길을 만날 수도 있습니다. 그렇다고 그 길을 피할 순 없죠. 그것도 인생의 한 부분이니까요.

이 책을 통해 부디 독자 여러분들이 조금이나마 마음의 여유와 행복을 찾고 삶을 대하는 자세가 더욱 진솔하고 아름다워졌으면 하는 바람입니다. 그래야 나의 마음이, 그리고 이 책이 더더욱 아름답게 빛날 것 같습니다.

차례

엄마가 만든 길

12월, 어느 아침. 용희는 일어나자마자 베란다 문을 활짝 열었다. 새로운 아침에는 새로운 공기가 필요하다는 생각에서였다.

초겨울의 시원한 공기가 바람을 타고 집 안으로 흘러 들어왔다. 용희는 눈을 감고 두 팔을 벌린 채 공기를 들이마셨다.

"으음. 맛있는 공기."

공기가 몸 구석구석을 지나갔다. 참 상쾌했다. 오늘의 밖은 어떤 모습일까? 오늘은 왠지 바깥 풍경이 여느 때와 다를 것 같았다.

용희는 고개를 내밀어 밑을 내려다보았다. 밖을 보는 순간, 용희의 두 눈이 휘둥그레졌다.

"어머나, 눈이 왔네!"

세상이 온통 하얗게 덮여 있었다. 밤새도록 눈이 아주 많이 내린 것이다.

용희는 초등학교에 다니는 아이를 둔 엄마이지만 마치 어린아이처럼 신이 났다.

"강호야, 최강호. 눈 왔어. 얼른 일어나 봐!"

용희는 아들 방으로 가 아직도 꿈나라에서 날아다니는 아들을 흔들어 깨우기 시작했다.

"밖에 눈이 왔다니까!"

강호는 귀찮다는 듯 인상을 찌푸렸다. 그리고 몸에 이불을 돌돌 말며 돌아누웠다.

"일어나 밖을 보라니까."

"무슨 소리야……."

강호는 잠에 취한 채 작은 목소리로 말했다.

"그럼 넌 더 자라. 난 베란다에서 눈 구경이나 해야겠다. 눈 구경."

강호가 갑자기 두 눈을 동그랗게 떴다. 눈이라는 소리가 이제야 귓가에 전달된 것이다.

"엄마, 지금 눈이라고 했어?"

"그래. 너는 잠꾸러기라 눈이 온 줄도 모르지?"

"진짜?"

용희가 베란다 쪽으로 가자 강호도 쪼르르 뒤따라왔다.

"자, 봐. 눈이 왔지?"

"응. 우리 눈사람 만들러 가자."

"그럼 어서 아침밥 먹고 가자. 알았지?"

"응."

자동차 위에 쌓인 눈, 나무 위에 쌓인 눈, 자전거 위에 쌓인 눈. 둘은 한 폭의 그림과도 같은 풍경을 한참 동안 바라보았다. 그런데 갑자기 용희의 눈에서 눈물 한 방울이 주르르 흘러내렸다.

"엄마, 왜 그래?"

"아, 아니야."

"뭐가 아니야? 울고 있잖아."

"내가 언제 울었다고 그래."

용희는 얼른 손으로 눈물을 닦아냈다. 용희가 눈물을 흘린 이유는 아래에 있던 경비 아저씨가 빗자루로 눈을 쓰는 모습을 보니 문득 옛날에 있었던 일이 생각났기 때문이었다.

용희가 어렸을 때 살던 부안의 월포 마을은 도심과는 꽤 멀리 떨어진 곳이었다. 그래서 초등학교도 각 학년에 한 반뿐인, 거의 분교에 가까웠다.

용희가 초등학교 5학년이던 어느 겨울이었다.

언니들은 잠결에 담요를 서로 차지하려고 끌어당기기 바빴다. 막내였던 용희는 가운데에서 잠을 잤기 때문에 언제나 담요를 덮을 수가 있었다. 그날도 용희는 꿈나라에서 왕자님을 만나는 꿈을 꿨다. 깨어나고 싶지 않은 꿈이었다.

그런데 얼마나 지났을까. 엄마의 목소리가 들리기 시작했다.

"용희야, 학교 가야지."

"몰라. 더 잘 거야."

"언니들은 다 일어나서 학교 가고 직장 가고 그랬는데, 넌 여태 자면 어떡해? 어서 일어나."

용희가 간신히 뜬 눈을 비비며 시계를 봤다. 아뿔싸! 시곗바늘은 이미 아홉 시를 향해 달려가고 있었다.

"엄마, 지금 깨우면 어떡해! 지각이잖아!"

"지금 깨우긴. 내가 열 번은 더 깨웠다. 계속 잔 게 누군데 그래."

"엄마 책임이야! 엄마, 미워!"

용희는 늦게 일어난 책임을 엄마에게 돌렸다. 엄마가 제대로 깨워주지 않았기 때문에 자기가 지각하게 되었다며 원망했다. 평생 새벽밥을 지어 먹으며 딸 다섯을 학교 보내고 낮에는 농사일까지 하며 힘들게 사는 엄마였지만, 엄마의 사정 따위 아랑곳하지 않는 용희는 그저 짜증이 날 뿐이었다.

"밥은 먹고 가야지."

"지금 밥 먹게 생겼어? 늦었단 말이야!"

서둘러 가방을 멘 용희는 인사도 하지 않고 밖으로 뛰쳐나갔다. 마당에 나가 보니 눈이 소복하게 쌓여 있었다.

"와, 눈이다. 언제 눈이 왔지?"

하얗게 내린 눈을 보니 기분이 좋기도 했지만 한편으론 걱정이 되었다.

지난겨울, 눈길에 미끄러져 다리가 부러지는 바람에 깁스를 했던 적이 있었기 때문이다. 용희는 한 걸음 한 걸음 조심스럽게 발을 옮겨 신작로에 나섰다. 그런데 길 가장자리에 자그마한 눈사람 하나가 만들어져 있었다. 그리고 누군가 눈을 쓸어놓았는지 한 사람이 지나갈 정도의 길이 아주 길게 나 있었다.

"누구지?"

용희는 먼저 눈사람이 있는 곳으로 다가갔다. 그런데 눈사람 머리

위에 종이쪽지가 꽂혀 있었다. 용희는 얼른 그 종이를 펼쳐 보았다.

용희야, 이번 겨울에는 넘어지지 않도록 해라.
작년에 엄마가 너 때문에 얼마나 마음이 아팠는지 아니?
학교 잘 다녀와.
 – 엄마가

괜히 아침에 엄마에게 짜증 내고 화낸 것이 미안했던지 용희는 머리를 긁적거렸다. 그러고는 엄마가 만들어놓은 길을 따라 서둘러 걸어갔다. 한참을 걸었는데도 엄마가 만든 길은 끝나지 않았다. 끝도 없이 이어지는 길을 걸으며 용희는 왠지 모르게 가슴 한구석이 따끔따끔해지기 시작했다. 멀미가 나는 것처럼 울렁거리는 마음을 진정시키며 학교에 도착한 용희는 끝내 왈칵 눈물을 쏟고 말았다. 집에서 학교까지 거의 삼백 미터가 넘는 길인데 그 길에 내린 눈을 엄마가 모두 치워놓았던 것이다.

용희는 눈가에 눈망울이 맺힌 채로 복도에 서서 한참 동안 밖을 바라보며 중얼거렸다.
"엄마, 고마워……. 그리고 사랑해."
"강호야, 어서 우리 밥 먹고 밖에 나가자. 나가서 엄마랑 같이 눈사람 만들자."
"정말? 와, 신난다!"

팔짝팔짝 뛰며 좋아하는 아들의 모습을 보던 용희는 흐뭇하게 웃었다. 그리고 용희는 나지막한 목소리로 아들에게 말했다.

"강호야, 우리 내일 외할머니 산소 가볼까?"

"부안? 거기 너무 멀잖아."

"멀면 어때? 기차 타고 버스 타고 가면 되지."

"그래, 좋아."

용희는 베란다를 통해 하늘을 바라보았다. 그리고 마음속으로 말했다.

'엄마, 나도 엄마만큼 해야 할 텐데 잘할지 모르겠어. 거기도 겨울이야?'

'너를 생각하면 내 마음은 언제나 봄날이야.'

어? 마치 엄마가 대답을 해주는 것 같았다.

'내 사랑하는 용희야, 늘 건강하고 강호 더 사랑해 줘.'

용희는 눈시울이 붉어졌다. 가슴 밑바닥에서 한 뭉치의 눈물이 올라왔다.

'엄마, 보고 싶어.'

눈은 아직도 멈출 줄 모르고, 저 아래 경비 아저씨는 여전히 빗자루로 눈을 쓸고 있었다.

"저, 저, 정말이니?"

"그렇다니까. 왜 내 말을 못 믿어?"

"이, 이, 이런 일이 나에게……."

"다시 한번 말할 테니까 잘 들어. 알았지?"

동국은 인순의 손을 잡았다. 그리고 인순의 초롱초롱한 눈망울을 그윽하게 바라보며 말했다.

"인순아, 나랑 결혼해 줘."

동국의 떨리는 입술을 보니, 인순은 그가 장난삼아 던진 말이 아님을 짐작할 수 있었다. 순간, 인순은 눈물이 왈칵 쏟아졌다. 눈물을 보이는 인순을 동국은 살포시 안아주었다.

"울지 마, 인순아. 그리고 어서 대답해 줘. 너 자꾸 내 마음 떠돌게할 거야? 내 마음이 네 마음속에서 살 수 있도록 어서 허락해 줘."

인순은 울먹이며 말했다.

"고마워, 동국아. 정말 고마워. 나 같은 여자한테……."

인순은 끝내 말을 잇지 못했다.

"네가 어때서 그래. 인순이 네가 얼마나 예쁘고 아름다운데."

동국은 엄지손가락으로 인순의 눈가에 머문 눈물을 닦아주었다.

사실, 인순은 몸이 불편하다. 스물일곱의 나이지만 키는 110cm에 불과했다. 어릴 때부터 '골형성 부전증'이라는 병을 앓았다. 결국은 초등학생 2학년쯤의 키에서 멈추고 말았다. 그리고 아주 작은 부딪힘에도 쉽게 뼈가 골절되고 타박상을 입어 늘 병원을 제집 다니듯 들락거렸다. 그래서 모든 일에 소극적일 뿐만 아니라 마음의 문을 닫고 산지 참으로 오래되었다. 그런데 생각지도 않은 사랑이 인순에게 찾아온 것이다.

작년 겨울, 인순과 동국은 우연히 만났다. 라디오 프로듀서로 근무하는 동국이 애청자가 보낸 사연을 선별하는 과정에서 인순의 편지를 발견했다.

"어? 초등학교 동창 인순이다!"

동국은 반갑고 기쁜 마음에 인순에게 전화를 걸었다. 그렇게 둘의 인연은 시작되었다.

동국과 인순이 만나는 날, 동국은 인순을 보자마자 알아보았다. 그때 그 모습 그대로였다. 얼굴도 키도.

그러나 인순은 동국을 낯설어했다. 훤칠한 키에 까칠까칠한 수염까지. 어렸을 때의 모습은 온데간데없었다.

"인순이, 너 그대로네. 몸 괜찮니?"

"응, 늘 조심조심 지내고 있어. 그런데 넌 엄청 컸다."

"많이 컸지? 그나저나 참 너 글 솜씨가 뛰어나더라. 라디오 작가 한

번 해봐."

"라디오 작가? 그런 일을 내가 어떻게 해."

"왜? 너 정도면 할 수 있어."

"아무튼 고맙다. 나를 인정해 줘서."

"허튼소리가 아니야. 넌 해낼 수 있을 거야."

"고마워, 동국아."

인순은 동국을 만나는 동안 행복했다. 동국은 자상하고 배려심이 많았다. 인순은 서서히 동국에게 마음의 문을 열기 시작했다. 동국도 마찬가지였다. 비록 인순이 장애를 갖고 있었지만 그건 문제 되지 않았다. 같이 있을 때면 오히려 그 누구보다도 더 편안함을 느꼈다. 인연은 시간이 지남에 따라 점점 사랑으로 자라게 되었고, 결국 동국이 인순에게 청혼하기에 이르게 된 것이다.

청혼을 받은 인순은 동국에게 힘없이 말했다.

"난 키가 작은데 어쩌지? 사람들이 날 욕할 거야. 너처럼 멋진 남자를 차지했다고 말이야."

동국은 고개를 내저으며 말했다.

"그게 무슨 소리야! 말 같지도 않은 소리 하지 마. 그리고 내가 널 먼저 좋아했어. 사실, 난 너랑 키가 비슷할 때부터 널 좋아했어. 그러니까 초등학교 3학년 때부터 말이야."

"뭐? 초등학교 3학년 때부터?"

"그래. 난 너랑 결혼하는 게 어릴 적 꿈이었어."

"그 말을 어떻게 믿니?"

"정말이야. 자, 봐."

동국은 호주머니에서 오래된 편지 한 장을 꺼냈다. 그 편지에는 이렇게 적혀 있었다.

인순아, 난 네가 좋아.

인순이, 너는 참 예뻐.

나중에 어른이 되면 너랑 결혼할 거야.

꼭 허락해 줘. 알았지?

- 1993년 널 좋아하는 동국이가

"그때는 내가 너무 어리고 용기가 없어서 너한테 전하지 못했어. 이제야 전하는구나."

인순은 믿을 수 없다는 듯 고개를 갸우뚱거렸다.

"못 믿겠어? 다시 잘 봐."

편지지는 정말로 오래돼 보였다. 글씨도 영락없이 초등학생의 글씨였다.

인순은 빙그레 웃으며 말했다.

"내가 참 그땐 인기가 많았지. 그래, 내가 기꺼이 허락할게."

"고마워. 그리고 남들이 뭐라고 못 할 거야. 내가 널 좋아하고 내가 너에게 청혼했으니까. 자, 봐. 내가 매달려서 너랑 결혼한 거니까 다른 사람들이 뭐라고 해도 신경 쓸 필요 없어. 이 편지가 증거품이잖아.”

　동국은 오래된 편지를 인순의 손에 쥐여주었다. 인순은 그 편지를 바라보며 무척 행복해했다.

　사실, 동국이 인순에게 준 편지는 며칠 전에 만든 것이었다. 이웃에 사는 초등학생에게 부탁해서 글을 쓰게 했고, 물을 약간 적신 후에 온종일 말렸다. 그리고 약한 불에 그슬려 오래된 편지처럼 만든 것이다. 동국이 굳이 오래된 편지지를 만든 이유는 조금이라도 인순에게 마음의 부담을 주고 싶지 않아서였다.

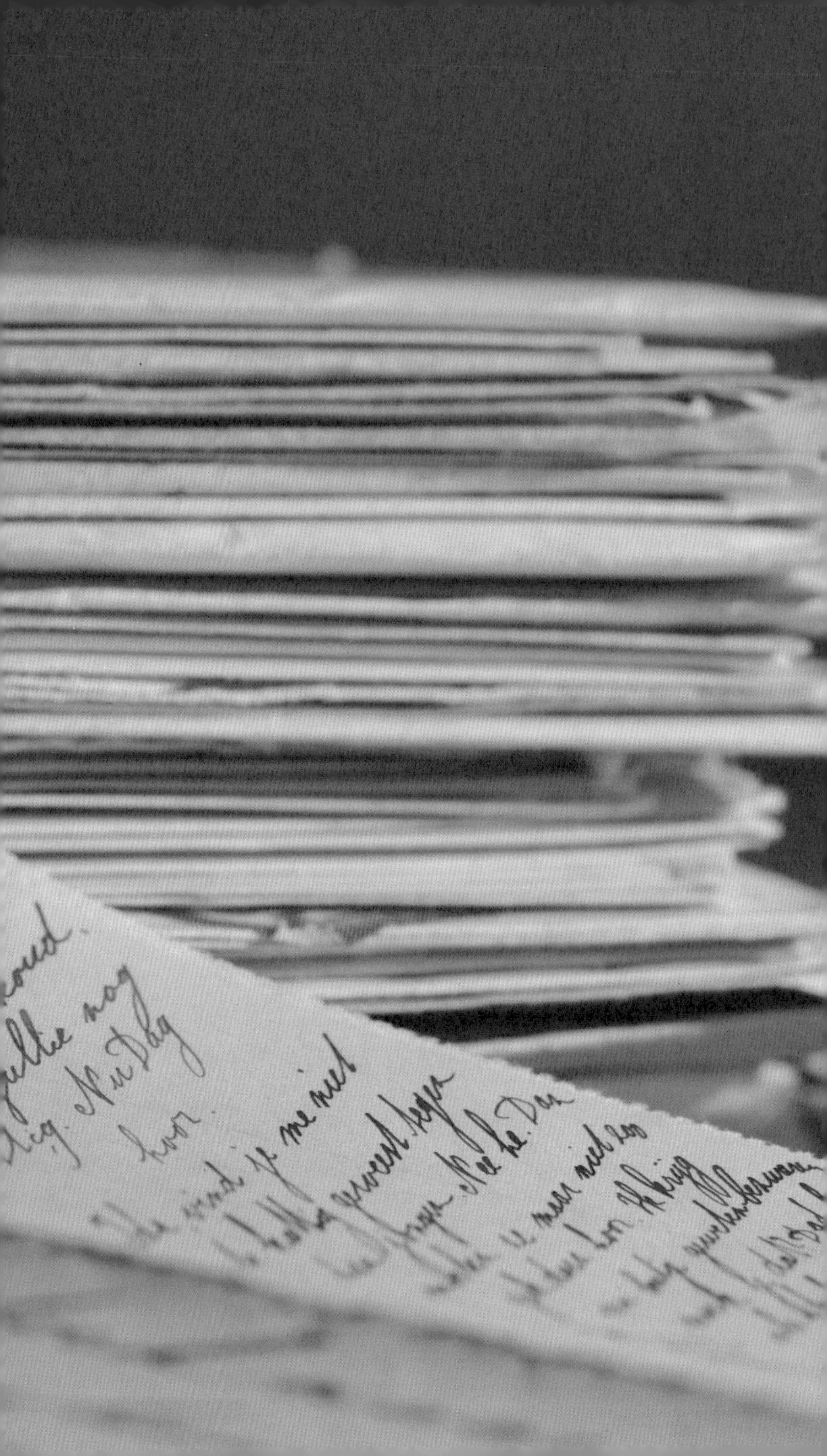

"민석 엄마, 밥은 먹었어?"

"응."

"약은 꼬박꼬박 잘 먹고 있지?"

"그래요. 먹고 있어요. 그나저나 거기 날씨는 괜찮아요? 오늘 일기 예보 보니까 바람이 많이 분다던데."

"여기는 괜찮아. 민석 엄마, 힘들어도 잘 참고 있어. 몸조리 잘하고 꼭 이겨내야 해, 알았지?"

"알았어요. 괜히 당신한테 미안해요."

아내의 목소리에 울음이 섞여 있었다.

"미안하다니 그게 무슨 소리야."

"결혼해서 여태껏 아프기나 하고. 당신이 벌어온 돈, 다 병원비로 날리고. 내가 당신 볼 면목이 없어요."

"아서, 그런 소리 마. 난 민석 엄마랑 결혼한 거 단 한 번도 후회한 적 없어. 오히려 곁에서 챙겨줄 수 없어서 더 미안할 뿐이야."

김 씨의 눈시울도 붉어졌다. 그러나 울진 않았다. 괜히 자기까지 약해지면 아내가 더욱 힘들어할 것 같았기 때문이다.

"오늘은 그만 끊어. 요즘 일손이 많이 부족해서 바빠."

"알았어요. 그럼 수고하세요."

현재 김 씨는 완도에서 배로 삼십여 분 더 가야 닿을 수 있는 작은 섬에서 김 양식장의 인부로 일하고 있다. 강한 바닷바람을 많이 맞아서 그런지 사실 실제 나이보다 그는 훨씬 더 늙어 보였다.

"어이, 김 씨. 그물 좀 잘 잡아봐."

"예, 알았어요."

양식장의 박 사장과 단둘이서 그 넓은 양식장을 관리하다 보니 늘 일손이 부족했다. 김 채취를 할 시기가 돌아오면 뭍에서 일꾼들이 예닐곱은 오지만, 그 전까지 모든 일은 둘이 다 해야 했다.

오전 작업을 마치고 배 위에서 김 씨와 박 사장은 간단히 점심을 했다.

"그나저나 김 씨, 부인은 좀 어때?"

"많이 안 좋아요. 간이 계속 안 좋더니 간암으로 발전했지 뭐예요. 그 사람이 원래부터 워낙 면역력이 약해서 그런지 이겨내질 못하나 봐요."

"쯧쯧. 안됐구먼. 하루빨리 나아야 하는데. 그래야 자네도 고생하는 보람이 있지."

"곧 낫겠죠."

"그래, 그렇게 생각해야지. 이럴수록 자네가 중심을 잘 잡아야 해, 알았지?"

"예, 알고 있어요."

"자, 그럼 슬슬 또 해볼까?"

둘은 망가진 그물을 손질하기도 하고 그물에 걸린 이물질을 제거하기도 했다. 그러던 중, 갑자기 수평선 너머에서부터 강한 바람이 불어왔다. 그런데 그 바람이 심상치 않았다.

"사장님, 예사 바람이 아닌데요."

"그러게 말이야. 태풍이라도 올 것 같아. 오늘 일기예보에 태풍 소식은 없었는데."

"사장님, 그만 돌아가야겠어요."

"그러세."

강한 바람은 순식간에 태풍으로 변했다. 파도가 요동쳤다. 둘은 황급히 바다를 빠져나와 사장 집으로 돌아왔다.

"어휴, 올해는 태풍이 수시로 오니까 맘 놓고 일할 수가 있나."

"그러게 말입니다. 그나저나 별 피해가 없어야 할 텐데……."

그런데 그때였다. 한 통의 전화가 왔다.

"여보세요."

"거기 김찬구 씨 계신가요?"

"예, 잠시만요."

"김 씨, 전화 좀 받아봐. 집인가 보네."

"아버지, 저 민석이예요."

"어, 민석아. 웬일이냐?"

"어, 어, 어머니가……."

"어서 말해봐. 어쨌다는 거야!"

"어, 어머니가 돌아가셨어요."

"뭐?"

순간, 김 씨의 양 볼에 눈물이 주르르 흘렀다.

"민석 엄마……."

김 씨는 안절부절못하더니 이내 정신을 차리고 자리에서 일어났다.

"김 씨, 어쩌려고?"

"가봐야죠."

"지금?"

"예. 가봐야죠."

"지금 제정신이야? 태풍 때문에 배도 다 끊긴 판에 어떻게 뭍으로 간다는 거야. 아서, 자네 심정은 알겠지만 태풍이 좀 잠잠해지면 그때 가."

"아니에요. 무슨 수를 써서라도 갈 겁니다."

김 씨는 황급히 밖으로 뛰쳐나갔다.

"김 씨! 김 씨! 아니, 저 사람. 큰일 낼 사람일세."

김 씨는 양식장으로 달려갔다. 그리고 그곳에서 사용하는 스티로폼 부표 세 개로 뗏목을 만들었다. 태풍 때문에 큰 배도 결항한 마당에 그 엉성한 뗏목으로 바다를 건넌다는 건 참으로 무모한 일이었다. 그러나 김 씨는 오직 아내에게로 가야 한다는 생각뿐이었다. 김 씨는 눈물을 흘리며 뗏목을 바다 위에 띄웠다.

스티로폼 뗏목은 점점 섬과 멀어져 갔다. 그러나 지금 육지를 향해 제대로 가고 있는지는 알 수가 없었다. 강한 바람과 조류를 이겨내기란 역부족이었다.

"난 가야 해, 난 가야 해……."

김 씨마저도 목숨을 잃을 정도로 위태로운 상황이었다. 결국, 김 씨는 떠난 지 세 시간 만에 정신을 잃고 표류하게 되었다.

다행히 박 사장에게 연락을 받은 해경이 경비정을 보내 김 씨를 구조할 수 있었다.

김 씨는 이미 물을 많이 먹은 상태였다. 해경 대원들은 서둘러 김 씨를 응급조치하고 안전하게 뭍으로 데려다주었다.

김 씨는 뭍에 도착하자마자 병원을 향해 달렸다.

"민석 엄마, 미안해. 내가 정말 미안해……."

그리움의 바다를 건너온 김 씨는 눈물이 앞을 가렸다. 아내가 하늘나라로 가는 그 순간에 자신이 옆에 있어주지 못했다는 그 죄책감 때문에 김 씨의 마음은 심해처럼 어둡고 무거웠다.

나쁜 남자 친구, 이필영

"야! 삼천 원이면 라면이 몇 갠데 그래? 혜민이 너, 돈이 남아도냐?"

"저 아이가 불쌍하잖아! 전화 한 통 하자. 응?"

"우리 말고도 다른 사람이 많이 돕잖아. 저기 봐. 돈이 엄청 올라가 잖아. 하려면 너희 집에서 해!"

전화 한 통으로 불우이웃을 돕는 텔레비전 프로그램을 같이 보다 가 그만 필영과 혜민은 말다툼을 하게 되었다. 혜민은 필영의 이기적 인 마음에 화가 났다.

"정말 너무해! 왜 오빠는 오빠밖에 몰라? 이렇게 인정 없고 속 좁은 사람인 줄 몰랐어!"

필영도 혜민의 집요함에 짜증이 났다.

"너 도대체 왜 이래? 내 마음이 움직이면 돕는 거고 그렇지 않으면 다른 사람이 돕는 거지. 왜 그걸 강요해?"

"강요하는 것이 아니라 그냥 돕자는 거야!"

"그냥이 어디 있어? 내 마음이 내키지 않는다니까!"

혜민은 자리에서 일어나더니 비아냥거리며 말했다.

"오빠랑은 말이 안 통해! 그래! 삼천 원으로 라면이나 실컷 끓여 먹어. 이 이기주의자야!"

혜민은 방문을 쾅 닫고 나갔다. 그러자 필영도 분을 삭이지 못하고 주먹으로 벽을 힘껏 내리쳤다.

다툰 지 삼 일째, 둘은 서로 아직까지 연락이 없다.

혜민은 며칠간 잠을 이루지 못했다. 자기가 좋아서 선택한 남자이긴 하지만 시간이 지나면 지날수록 더 좋아지기는커녕 왠지 모를 공허함이 느껴졌다. 이기적인 데다가 싸우면 먼저 사과하거나 다가오는 경우가 없었다.

"쳇, 남자가 돼서 정말 쪼잔해."

이번 일도 마찬가지다. 하루 이틀 지나면 연락을 주겠거니 했는데 지금까지 연락이 없다. 혜민은 회사에서도 일이 손에 잡히지 않았다. 가슴 한구석이 답답해서 견딜 수 없었다.

'그래, 이렇게 나오겠다. 이거지? 어디 두고 보자. 연락 오기 전까지 내가 연락하나 봐라.'

며칠째, 계속 연락이 없었다.

"정말 너무해. 먼저 연락 좀 하면 안 되나? 바늘귀보다 더 속 좁은 인간, 뭐가 좋아서 내가 너에게 매달렸는지……."

혜민은 휴대폰을 침대 위에 툭 집어던졌다. 자기를 좋아하는 치과 의사도 있었고 벤처기업 사장도 있었는데 모두 마다하고 어릴 때 좋아했던 옆집 오빠인 필영과 사귀게 되었다. 그런 선택을 한 자신이 한심스러웠다. 아직 뚜렷한 직장도 없이 이 년째 공무원 시험 공부를 하는 취업 재수생을 왜 선택했을까.

"흥, 내가 뭐가 아쉬워서 그런 이기주의자랑 결혼을 해."

혜민은 이리저리 몸을 뒤척거리며 하얗게 밤을 지새웠다.

다음 날, 이른 아침부터 혜민은 필영의 집으로 향했다. 밤새 생각한 끝에 얻은 결론을 전해주기 위해서다. 그건 바로 필영과의 이별이었다.

쾅! 쾅!

혜민은 대문을 사정없이 두드렸다. 반쯤 감긴 눈을 하고 필영이 나왔다.

"어, 이렇게 일찍 웬일이야?"

"웬일? 지금 그걸 몰라서 물어?"

"……우선 들어와. 들어와서 얘기하자."

혜민은 필영을 따라 방으로 들어갔다.

"커피 한잔할래?"

물이 채 끓기도 전에 혜민은 이별을 통보했다.

"우리 헤어지자."

"뭐?"

"못 들었어? 우리 이제 그만 헤어지자고."

"지금 무슨 소리야?"

"오빠처럼 쫀쫀한 사람하곤 앞으로 살 자신이 없어. 그리고 다퉜으면 먼저 전화를 해야지, 그렇게 버티면 어쩌자는 거야? 나무껍질처럼 무심한 사람한테 어떻게 내 인생을 맡겨? 우리 헤어져."

혜민의 눈에는 어느새 눈물이 글썽였다. 필영은 혜민의 느닷없는 이별 선언에 순간 당황했다. 사실 필영은 지난번에 말다툼한 걸 그리 대수롭지 않게 생각하고 있었다. 필영은 우는 혜민을 어떤 말로 위로해 주고 또 어떤 말로 용서를 빌어야 할지 난감했다.

그때, 혜민의 휴대폰이 울렸다.

"뭐? 아버지가? 어느 병원인데? 지금 바로 갈게."

약수터 가는 길에 아버지가 그만 교통사고를 당했다. 서둘러 병원에 가봐야 하는데 혜민은 온몸에 힘이 빠져 일어날 수가 없었다.

"혜민아, 왜 그래. 어서 가봐야지. 우리 얘기는 나중에 하자."

혜민은 큰 숨을 몰아쉬며 기운을 차리려 애썼다. 눈물이 마르기도 전에 다시 눈물로 범벅이 되어버린 혜민의 얼굴.

"괜찮겠어? 내가 같이 가줄까?"

"아까 내가 한 말 못 들었어? 우린 이미 끝이야!"

혜민은 힘겹게 한 걸음 한 걸음 내디디며 필영의 집을 나섰다. 골목길을 빠져나와 택시를 잡으려 하는데 멀리서 필영의 목소리가 들려왔다.

"혜민아, 혜민아! 잠깐만 기다려! 이거 가져가!"

혜민은 아주 냉정한 눈빛으로 필영을 쏘아보았다.

"아직도 할 말이 남았어? 우린 이미 끝난 사이야. 나 지금 병원 가야 돼."

필영은 명함 크기만 한 종이 뭉치를 혜민에게 내밀었다.

"자, 이거 받아. 그런 일은 없겠지만 혹시, 혹시라도 필요하면 이게 많은 도움이 될 거야."

필영이 내민 것은 헌혈증이었다. 헌혈증이 어찌나 많던지 두툼할
정도였다. 적어도 오십 장은 넘어 보였다.

순간, 혜민은 깜짝 놀랐다. 여태 남을 배려할 줄도 모르는 이기주의
자, 나쁜 사람, 무정한 사람이라고 필영을 생각했는데 그런 사람이 아
니었던 것이다.

"어서 가, 혜민아."

혜민은 울먹거리며 필영에게 말했다.

"오빠, 우리 아버지 별일 없겠지?"

"그럼. 그러실 거야."

병원에 도착한 혜민은 응급실에 누워 있는 아버지를 발견했다.

"아버지, 괜찮아요?"

"응. 보시다시피."

아버지는 약간의 타박상 정도이지 큰 이상은 없었다. 혜민은 안도
의 한숨을 쉬며 아버지를 와락 껴안았다.

"병원 오는 내내 얼마나 걱정했는지 몰라요. 정말 다행이에요. 아버
지, 정말 고마워요."

"미안하다. 괜히 걱정 끼쳤구나. 그런데 혜민아, 손에 쥔 뭉치는 뭐
냐?"

혜민은 멋쩍은 듯 미소 지으며 헌혈증을 등 뒤로 감췄다. 그리고 새
침하게 말했다.

"이거요? 이 세상에서 가장 나쁜 사람이 내게 준 마음이에요."

혜민은 이 순간이 참으로 고맙고 행복했다.

그날 밤, 혜민과 필영은 술 한잔을 했다.

필영은 혜민에게 먼저 사과를 했다.

"혜민아, 내 손 좀 잡아줘."

"내가 왜?"

"무심한 내 손을 좀 잡아줘. 너의 손길이 필요해. 다음부턴 즉각 반응할게. 미안해."

"정말 그럴 거야?"

"응."

"용서해 준다. 무심하긴 하지만 이기적인 사람은 아니니까. 앞으로 잘해."

"고마워."

"그나저나 헌혈은 언제 그렇게 많이 했어? 오빠, 대단하다."

둘은 언제 그랬냐는 듯 다시 다정한 연인이 되었다.

잣죽과 하모니카

"미선아, 배고프지? 조금만 기다려. 맛있는 잣죽 끓여서 곧 갈 테니까 말이야."

한적한 시골 마을에 사는 최 노인은 이른 새벽부터 분주하다. 부엌에서 고소한 냄새를 풍기며 보글보글 잣죽을 끓이고 있기 때문이다.

"오늘은 어제보다 더 맛있게 됐다. 먹고 싶지? 둘이 먹다가 하나가 죽어도 모를 맛이야. 내가 끓였지만 정말 최고다. 너 침 넘어가는 소리가 여기까지 다 들린다. 조금만 기다려. 이제 갈게."

최 노인은 계속해서 혼잣말을 하며 잣죽을 보온병에 조심히 따랐다.

"자, 다 됐다."

멍멍.

마당에 있던 누렁이가 잣죽 냄새를 맡았는지 코를 벌렁거리며 짖어댔다. 누렁이도 잣죽이 먹고 싶었던 모양이다.

"누렁아, 미안. 다른 건 다 줘도 이건 못 줘."

멍멍.

"내가 다녀와서 밥 줄 테니까 집 잘 보고 있어라. 알았지?"

멍멍.

최 노인은 한 손에 보온병을 쥐고 서둘러 집을 나섰다. 아직 날이 새지 않아 앞이 환하게 보이진 않았다.

"할아버지, 오늘도 가세요?"

어둠 속에서 옆집에 사는 중년 여성의 목소리가 들려왔다.

"응, 가야지. 우리 마누라 아침 줘야지."

"하여간 대단하시네요. 몇 년째예요. 한 십 년은 넘은 것 같은데."

"그런가? 벌써 세월이 그렇게 됐나? 자네는 어디 가나?"

"예, 배추 좀 장에 내다 팔려고 일찍 일어났어요."

"그래, 수고하게. 나 먼저 감세."

지금 최 노인은 아내에게 가는 길이다. 아내가 잠들어 있는 곳은 집에서 오 킬로미터나 떨어진 곳이지만 단 하루도 거르지 않고 매일 그곳에 간다. 큰 장마에 마을의 다리가 끊긴 적도 있고 폭설이 내려서 길이 막힐 때도 있었다. 그래도 최 노인은 단 하루도 빼먹지 않았다.

장터 입구에 도착할 무렵, 어느덧 날은 환하게 밝았다.

국밥집 아줌마가 최 노인을 보며 반갑게 인사했다.

"안녕하세요, 할아버지. 오늘도 정각 일곱 시에 우리 가게를 지나가시네요."

"그런가?"

"식사는 하셨어요?"

"나중에 해야죠."

"배고프시면 제가 국밥 한 그릇 대접할까요?"

"늦으면 안 되니까 다음에 먹을게요. 감사합니다."

최 노인은 고개를 숙여 인사하고 다시 갈 길을 갔다. 가을의 끝자락이라 그런지 아침 바람이 꽤 매서웠다. 최 노인은 외투의 옷깃을 세우고 더더욱 발길을 재촉했다. 아무리 보온병이라고 하지만 시간이 오래 지나면 그만큼 잣죽이 차가워지기 때문이다. 조금이라도 따뜻한 잣죽을 아내에게 먹이고 싶었다.

"미선아, 조금만 기다려."

최 노인은 집에서 출발한 지 두 시간이나 지난 후에야 자그마한 산의 입구에 도착했다. 백발이 성성한 나이라 숨이 턱까지 찼지만 잠시도 쉬지 않고 산을 올랐다.

"휴⋯⋯. 미선아, 나 왔다. 어젯밤에 잘 잤어?"

최 노인은 보온병에서 잣죽을 컵에 따라 아내의 산소 앞에 놓았다.

"식기 전에 어서 먹어."

최 노인은 아내 옆에 앉은 후 주머니에서 하모니카를 꺼내 입에 갖다 댔다.

"하모니카 소리가 참 듣기 좋다고 했지? 오늘은 새로운 곡을 연주해 줄게. 그동안 틈틈이 연습했는데 잘될지 모르겠네."

삐삐뿌뿌.

삐삐뿌뿌.

하모니카 소리가 산속에 울려 퍼졌다. 그 소리가 정겹기도 하고 구슬프기도 했다. 최 노인은 하모니카에 침이 흥건히 고일 때까지 아주

오랫동안 하모니카를 불었다.

"그래, 그래. 잘 먹는다. 우리 미선이 잘 먹는다. 음, 이제 늦었으니 가야겠네. 내일 또 올 테니까. 잘 지내고 있어. 무섭다고 울지 말고 알았지?"

어느새 최 노인의 눈망울에 눈물이 그렁그렁 고였다.

"그래, 알았어. 내일은 더 맛있게 끓여 올 테니까. 너무 걱정하지 말고."

최 노인은 자리에서 일어나 아내와 작별 인사를 했다. 아내를 두고 떠나야 하기 때문에 자꾸만 발걸음이 멈춰졌다. 뒤를 돌아보다가 다시 발길을 재촉해 보지만 어느새 다시 아내를 바라보고 있었다.

산 아래로 내려와서도 최 노인은 아내가 있는 데쯤을 한참 바라보았다.

그 순간, 아내의 목소리가 들리는 듯했다.

"그래요, 조심히 가세요. 그리고 고마워요. 평생 맛있는 잣죽을 끓여주겠다는 약속, 하모니카를 불어주겠다는 약속을 지켜줘서 고마워요."

최 노인은 아내의 목소리를 들은 다음에야 고개를 끄덕이며 집으로 발걸음을 옮겼다. 아내를 만나고 돌아가는 최 노인의 뒷모습이 그리 쓸쓸해 보이진 않았다.

"괜찮겠니?"

"그렇다니까요."

"이제 할 만큼 했으니까 그만해. 그러다 네 손 다 망가지겠다."

"괜찮다고 몇 번이나 말해요. 정말로 전 괜찮아요."

"나 혼자 하면 되는데 굳이 너까지……."

"제가 보기에 혼자는 도저히 불가능해요. 괜찮으니까 어서 가기나
하세요."

한사코 아버지는 말렸지만 오늘도 민희는 아버지를 따라나섰다.

아버지의 직업은 구두 수선공이다. 시내 백화점 건물 옆, 한 평 남짓
한 구둣방. 그곳에서 민희는 아버지와 마주 앉아 온종일 구두를 닦는
다. 사실, 스물여섯이란 나이에 그것도 여자가 선뜻 아버지의 일을 돕
는 건 쉬운 일이 아니었다. 그러나 민희는 벌써 석 달째 아버지의 일
을 돕고 있었다.

"이리 주세요."

"그래."

민희는 능숙한 솜씨로 구두를 닦았다. 먼저 솔로 약을 칠하고 다음

엔 천으로 구두에 있는 때를 뺐다. 그리고 다시 손으로 약을 바르고 문질렀다. 구둣솔보다는 손으로 해야 광이 더 잘 난다.

"숙녀 손이 구두약 때문에 다 망가져서 어떡하나. 쯧쯧."

"이 손이 어때서요? 전 이 손을 사랑해 줄 줄 아는 사람과 결혼할 거 예요."

"그래, 그런 남자가 진짜 남자지."

대학까지 졸업한 민희가 아버지가 경영하는 구둣방에 나오게 된 건 어머니가 갑작스레 병으로 쓰러지고 나서다.

어머니는 그동안 아버지 옆에서 함께 일해왔다. 인근 건물에서 근무하는 직장인들이 전화를 하면 어머니는 구두를 가져오고 아버지가 닦은 구두를 다시 가져다주는 배달 일을 해온 것이다. 그리고 일이 좀 바쁘다 싶으면 어머니가 직접 구두를 닦기도 했다. 아버지보다는 부족한 솜씨였지만 그래도 십여 년 아버지 옆에서 보고 배운 게 있어서 그런지 베테랑 못지않은 실력이었다.

이래저래 아버지는 고민이 많았다. 어머니 병원비도 벌어야 하지만 자신을 도와 구두를 배달해 줄 사람이 필요했다. 그렇다고 직원을 채용하자니 자그마한 구둣방을 운영하는데 남는 게 뭐가 있다고 직원까지 채용한단 말인가. 게다가 요즘 세상에 이런 일을 하겠다는 사람이 있겠는가. 아버지는 그저 막막할 뿐이었다.

그런데 어느 날 밤, 병원에서 집으로 돌아오는 길에 민희가 아버지에게 진지한 표정으로 말했다.

"아버지, 제가 도울게요. 어머니가 하시던 일을 제가 할게요."

"그, 그, 그게 무슨 소리냐? 아서라. 이런 험한 일 하는 게 아니야."

"왜요? 저 할 수 있어요!"

처음에는 아버지도, 그리고 병상에 누워 있는 어머니도 민희를 말렸다. 그리고 친구들도 말렸다. 그러나 민희는 한번 결정한 것에 대해 후회하지 않았다.

"괜찮아요. 내가 하고 싶어서 하는 거예요. 인생 공부 좀 해야 나중에 시집가서 살림 잘할 거 아니에요."

결국, 민희는 어머니가 입원한 지 일주일 후에 구둣방에 나왔다.

아버지는 민희가 열심히 구두 닦는 모습을 보며 대견하기도 하고 한편으로는 가슴 밑바닥이 아려왔다. 귀한 딸내미를 고생시킨다는 생각 때문이었다.

'대학까지 나온 내 귀한 외동딸인데…….'

아버지가 물끄러미 민희를 바라볼 때마다 민희는 비시시 웃으며 말했다.

"아빠, 전 손톱에 매니큐어 칠하는 것보다 이 검은 구두약이 묻는 게 훨씬 좋아요. 아빠 일 도우니까 보람도 있고 밥맛도 좋아지고, 그리고 다양한 손님도 만나고 얼마나 즐거운지 몰라요."

"그래, 그래. 하여간 고맙구나."

"나중에 어머니 퇴원하셔서 오시면 그땐 전 끝이에요. 실력 좋다고 해도 별수 없어요. 아셨죠?"

"지금 하는 걸로 봐서는 나중에 구두 병원 원장 해도 되겠는걸."

“제가 어떻게 원장님을 해요. 아버지가 계시는데. 전 구두 병원 간호사죠.”

“구두 병원 간호사? 하하하.”

비록 고단한 하루의 연속이었지만 민희는 행복했다. 서로 마음을 나눌 수 있는 가족이 있다는 사실만으로도.

"이놈의 할망구야, 천천히 가."

"그러니까 꽉 잡으라고 했잖아유."

"지금 그걸 말이라고 혀? 집에 가면 혼날 줄 알아."

"때릴 수 있으면 때려봐유. 차라리 날 때릴 때가 나았지. 이게 뭐여유? 제대로 움직이지도 못하구."

"이 망할 놈의 할망구……."

오늘도 할머니는 수레에 할아버지를 태우고 읍내 장터로 향했다. 비가 오나 눈이 오나 할머니는 할아버지를 모시고 밖으로 나온다.

할아버지는 교통사고가 나기 전까지만 해도 늘 장터로 놀러 나왔었다.

"집은 너무 갑갑혀. 사람은 자고로 두 발로 열심히 걸어야 해. 이 세상 구경헐 것이 얼마나 많은데 집에 처박혀 있어?"

이 말을 늘 입에 달고 살았다.

칠 년 전, 할아버지는 읍내 대폿집에서 막걸리 한잔을 걸치고 밤늦게 귀가하다가 그만 교통사고를 당하고 말았다. 그런데 사고를 낸 차는 뺑소니를 치고 만 것이다. 외지고 어두워서 그 누구도 본 사람이 없었기 때문이다. 그 사고 때문에 불행히도 할아버지는 두 다리를 잃고 말았다. 할아버지는 깊은 절망에 빠져 매일 술만 마셨다.

"할망구야! 어서 이리 줘. 주란 말이야!"

"그만 좀 드쇼. 그러다 죽으면 어쩌려고 그려요."

"차라리 죽는 게 낫지. 이 꼴로 어떻게 살아?"

"뭘 어떻게 살아요? 평소대로 똑같이 살면 되지유. 내 발 네 발이 어딨어요. 빌려 쓰면 다 내 것이지. 밖에 한번 나가볼 거유?"

"이 망할 놈의 할망구야! 이 다리로 지금 어떻게 나가?"

"혼자 술 드시면 맛이 나남유? 함께 먹어야지. 읍내 막걸리 집에 한번 가볼 거유?"

"……."

할머니는 잠시 후, 창고에서 손수레를 꺼내왔다.

"민구 아버지, 여기 타요."

"미쳤구먼. 저 할망구가 완전히 돌았어. 동네 창피하게 지금 나보고 그걸 타라구?"

할아버지는 방문을 쾅 하고 닫았다.

"싫으면 관둬유!"

할머니도 손수레를 발길질했다.

며칠 후, 할아버지는 할머니가 들으라고 그런 건지 혼잣말로 중얼거렸다.

"날씨 참 좋네. 이런 날 바람이나 한번 쐬면 참 좋겠구먼."

할머니는 잽싸게 일어나 마당에 있는 손수레를 문 앞으로 끌어왔다.

"자, 천천히 잘 타봐요."

"할망구야, 면허증 있어?"

"걱정 붙들어 매슈."

등이 굽은 할머니는 올해로 육 년째 손수레에 할아버지를 태우고 읍내의 막걸리 집으로 향한다. 할아버지를 막걸리 집에 내려놓고 할머니는 그 집 앞에 쪼그려 앉아 할아버지가 다 마실 때까지 기다린다. 처음엔 막걸리 집에 함께 들어갔는데 왠지 할아버지가 불편해할까 봐 그냥 밖에서 기다린다.

"할망구야, 오늘은 그만 가자. 어서 들어와."

할아버지의 큰 소리에 할머니는 무릎을 펴고 일어났다. 그리고 또 할아버지를 손수레에 태웠다.

"오늘은 무슨 얘기를 했슈?"

"자식들이 나보다 어릴 때, 공부를 잘했다는 거야. 쳇, 중학교도 못 나온 것들이!"

할머니는 입가에 미소를 지으며 손수레를 끌었다. 그런데 오늘은 다른 날보다 조금 더 힘겨웠다. 나이가 들수록 점점 수레를 끄는 데 힘이 부치고, 무릎 관절과 허리도 쑤시고 아팠다. 그러나 할머니는 내색하지 않았다.

"이놈의 할망구, 요즘 왜 이렇게 느려? 기름이 다 떨어진겨?"

"그런가 보네요. 기름 좀 줘유."

"집에 있잖여."

"집에 무슨 기름이 있어유?"

"참기름 말여. 그거 한 사발 따라서 마셔."

"하하하. 지금 그걸 말이라고 해유? 나 아직은 괜찮으니까, 한 삼십 년은 괜찮으니까 그때까지 오래 살기나 해요. 알았슈?"

"그렇게나 오래?"

"예. 자, 그럼 갑니다. 민구 아버지, 꽉 잡아유."

"알았으니까 어서 가기나 혀."

할머니는 한 걸음, 한 걸음 힘차게 발을 내디뎠다. 그리고 마음속으로 기도했다. 제발, 병들지 않기를. 그래야 할아버지에게 친구들과 어울려 막걸리를 마실 수 있는 즐거움을 줄 수 있으니.

할머니의 수레는 할아버지의 발이었고 행복이었고 함께 나누는 사랑이었다.

몇 해 전 어느 날, 평소 연락이 없던 후배가 불쑥 덕용을 찾아왔다. 다소 침울해 보이는 후배의 얼굴을 보자, 그는 후배에게 분명히 고민 거리가 있음을 짐작할 수 있었다.

"우리 소주나 한잔하러 갈까?"

"좋죠, 선배님."

덕용과 후배는 허름한 선술집에 자리를 잡고 앉았다.

"무슨 고민이라도 있냐? 얼굴빛이 안 좋아."

"……"

후배는 아무 말 없이 소주잔만 기울였다. 덕용은 더 이상 되묻지 않고 느긋하게 기다렸다.

잠시 뒤, 후배가 입을 열었다.

"결혼을 약속한 여자가 있는데 좀 아파요."

"그래? 얼마나 아픈데?"

"위가 좀 안 좋아서 병원에 입원해 있어요."

"그래서 네 얼굴이 그랬구나. 네가 잘 보살펴 줘야겠다."

"예. 그나저나 부모님 때문에……"

"결혼을 반대하시는구나?"

"예. 그리고 부모님뿐만이 아니에요. 주위 친구나 아는 사람들도 다 반대하더라고요. 아픈 사람이랑 결혼하면 고생한다고."

후배는 소주잔을 기울였다. 그리고 이어 나지막한 목소리로 덕용에게 물었다.

"선배님 생각은 어떠세요? 선배님도 반대인가요?"

"……."

덕용은 쉽사리 말할 수 없었다. 자신의 한마디에 어쩌면 후배의 미래가 좌우될지도 모른다는 생각에 몹시 부담스러웠다.

"선배님, 어떻게 하는 게 좋겠어요? 네?"

더 이상은 대답을 피할 수 없었다. 덕용은 입을 열었다.

"네가 굳이 나에게까지 찾아온 이유가 뭐겠냐. 난 네 편이다. 그런데 명심할 게 있어. 고생 따위 아무것도 아니야. 중요한 건 지금 네 마음이지. 이 마음이 오래도록 변치 않길 바란다. 병이 긴지 네 사랑이 긴지, 내가 한번 두고 볼 거야. 꼭 확인할 거라고."

후배는 눈물을 흘리며 고개를 끄덕였다.

"꼭 지켜보세요. 꼭 확인하세요."

그날 후배와 덕용은 소주를 다섯 병까지 마셨다. 그리고 만취한 상태에서 헤어졌다. 후배가 탄 택시가 보이지 않을 때까지 덕용은 힘껏 손을 흔들었다.

그리고 두어 달 후, 후배로부터 청첩장이 날아왔고 끝내, 후배는 그 여자와 결혼을 했다. 다른 후배에게서 들은 바로는 신혼여행도 가지 못했고 퇴근 후에 집보다도 병원으로 가는 일이 더 많은데도 뭐가 그리 좋은지 늘 웃고 다닌다는 것이었다.

덕용은 후배 소식이 궁금해서 이따금 후배에게 전화를 걸곤 한다.

"아무 일 없이 잘살고 있냐?"

그럴 때마다 후배는 소탈하게 웃으며 말했다.

"하하하. 선배님, 또 확인하려고 전화하셨어요?"

"그래, 내 마음이 놓이지 않아서 그렇다. 아무 일 없지?"

"걱정하지 마세요. 아직 내 사랑 그대로니까요."

"그래, 고맙다. 사랑만 한 게 있겠냐. 모두 다 괜찮아질 거야. 힘내라, 알았지?"

"예, 선배님. 고맙습니다."

덕용은 후배와 통화를 한 날은 괜히 기분이 더 좋아졌다. 덩달아 덕용의 마음에도 사랑이 넘쳐나는 듯했다.

"너, 자꾸 까불래?"

"내가 뭘?"

"아까부터 나 계속 째려봤잖아."

"무슨 소리야! 내가 언제 널 째려봤다고 그래?"

"아무튼 넌 재수 없어!"

민찬은 앞에 앉은 희주에게 괜한 시비를 걸었다. 희주는 어이가 없다는 듯한 표정을 지었다. 그때였다.

퍽!

민찬이 갑자기 희주의 등짝을 힘껏 때렸다.

"아!"

희주는 자리에서 벌떡 일어났다.

"이 자식, 왜 때려! 정말 나한테 맞아볼래?"

민찬은 무서운 표정을 지으며 말했다.

"그래! 덤벼보시지! 그렇지 않아도 내 주먹이 근질근질했는데 잘됐다."

희주는 당장에라도 주먹으로 민찬의 코를 날려주고 싶었지만 머뭇

거렸다. 민찬은 반에서 가장 싸움을 잘하는 아이였다.

희주는 떨리는 목소리로 말했다.

"내가 너랑 싸워서 뭐 하겠냐. 그만하자!"

그런데 희주의 말이 끝나자마자 민찬의 주먹이 희주의 얼굴로 날아왔다.

"으악!"

순식간에 일어난 일이라 희주가 피할 틈이 없었다. 희주의 코에서 피가 흘러내렸다.

"으앙. 으앙"

교실은 순식간에 난장판이 되었다. 반 아이들은 민찬의 어깨와 허리를 잡았다.

"민찬아, 그만해! 희주, 코피 터졌잖아."

다른 아이들은 희주에게 화장지를 건네며 위로했다.

"희주야, 괜찮니? 괜찮아? 머리를 뒤로 젖혀봐! 그래야지 피가 멈추지."

그때였다. 교실 문이 열리더니 담임 선생님이 들어왔다.

순식간에 아이들은 각자 자기 자리로 흩어졌다.

"반장! 도대체 무슨 일이야?"

"저……. 저……."

"어서 말 못 해?"

"민찬이랑 희주가 싸웠습니다. 희주가 코피를……."

선생님은 희주를 반장과 함께 보건실로 보내고 민찬을 교무실로 불렀다.

"민찬아, 너 도대체 왜 그러니? 요즘 하루걸러 싸움만 하고……. 집에 무슨 일 있니?"

"……."

민찬은 고개를 푹 숙인 채 아무 말도 하지 않았다.

"민찬아, 선생님 얼굴 봐. 내가 지금 싸웠다고 너를 나무라는 게 아니야. 요즘 널 지켜보니까 예전 같지 않아서 그래. 성적도 많이 떨어지고. 그리고 친구들이랑 잘 어울리지도 않고."

민찬은 여전히 아무 말도 하지 않았다. 선생님도 입술을 깨문 채 한동안 말을 하지 않았다.

그리고 한참 후에 입을 열었다.

"알았다. 이번 일은 누구의 잘잘못을 따지지 않겠다. 그러니 너희끼리 서로 사과하길 바란다. 알았지? 그럼, 교실로 돌아가렴."

며칠 후, 선생님은 수업을 마치고 민찬의 집을 찾아갔다. 민찬 엄마는 부엌에서 따뜻한 녹차 한 잔을 내왔다.

"선생님, 이거 드세요. 딱히 대접할 것이 없네요."

선생님은 녹차를 호호 불어가며 한 입 마셨다. 그리고 조심스레 입을 열었다.

"요즘 민찬이의 행동이 좀 이상해서요."

눈이 휘둥그레지며 민찬 엄마가 말했다.

"왜요? 우리 민찬이에게 무슨 일이라도 있나요?"

"뭐, 큰 문제는 아니고요. 요즘 민찬이가 반 아이들이랑 자주 싸워요. 그리고 수업 시간에 집중도 하지 않는 것 같고요. 혹시, 집에 무슨 일이라도 있나요?"

엄마는 고개를 숙인 채 아무 말도 하지 않았다. 그리고 잠시 뒤에 입을 열었다.

"사실은 요즘 저와 남편 사이에 문제가 있습니다. 그래서 이혼을 준비 중입니다."

선생님은 당황한 표정을 지었다.

"아, 그러시군요. 그래서 민찬이가 방황한 것 같습니다. 제가 관여해서는 안 되겠지만, 민찬이를 위해서라도 다시 한번 생각하시죠."

"이미 결정했습니다."

미술 시간이었다. 선생님이 반 아이들에게 말했다.

"며칠 후면 어버이날이죠? 이 시간에는 카네이션을 만들 거예요. 색종이랑 가위, 풀, 다 준비해 왔죠?"

"예!"

"그럼 지금부터 시작하세요. 엄마, 아빠를 생각하면서 아주 예쁘게 만드세요. 알았죠?"

"예."

아이들은 고사리 같은 손으로 열심히 카네이션을 만들었다.

그런데 민찬은 색종이만 만지작거릴 뿐 카네이션을 만들지 않았다. 선생님은 조용히 옆에 서서 민찬을 바라보았다.

수업 시간이 거의 다 끝나가자, 이미 카네이션을 만든 아이들은 자기 것이 더 멋지다고 서로 자랑하기 바빴다. 그런데 민찬은 여전히 카네이션을 만들지도 않고 수업 시간 내내 색종이만 만지작거렸다. 그런 민찬의 모습을 보니 선생님은 마음이 아팠다.

다음 날, 선생님은 민찬의 엄마와 아빠를 학교로 불렀다. 영문도 모른 채 학교에 온 엄마와 아빠는 서둘러 교무실로 달려갔다.

"선생님, 우리 민찬이에게 무슨 일이라도 있나요?"

아빠는 가쁜 숨을 몰아쉬며 선생님께 물었다. 곧이어 엄마도 선생님께 물었다.

"민찬이가 또 싸웠나요?"

"아닙니다. 보여드릴 게 있어서 이렇게 오시라고 한 겁니다."

선생님은 서랍에서 색종이를 꺼내놓았다.

"미술 시간에 민찬이가 만든 카네이션입니다."

엄마와 아빠는 고개를 갸웃거렸다.

"카, 카네이션이라니요. 그냥 색종이인데."

"카네이션을 만들라고 했는데 민찬이는 만들지를 않았어요. 그만큼 민찬이의 마음은 지금 크게 상처 난 상태입니다. 그동안 민찬이가 마음고생이 심했나 봅니다. 사랑하는 엄마와 아빠랑 함께 살고 싶은데 두 분께서 이혼을 하신다고 하니……."

엄마와 아빠는 아무 말도 못 했다.

잠시 후, 민찬이 교무실로 들어왔다.

"민찬아."

엄마는 민찬이를 보고 눈물을 흘렸다. 아빠도 민찬이를 볼 면목이 없었는지 고개를 숙였다. 곧이어 아빠와 엄마, 민찬은 선생님께 인사를 하고 교무실을 나왔다.

선생님은 창문 밖을 내다보았다. 저 멀리 운동장을 가로질러 다정하게 손을 잡고 걸어가는 세 사람이 보였다.

"참 아름답네."

선생님은 혼잣말로 중얼거리며 미소를 지었다.

"막둥이냐?"

"예, 아버지."

"지금 서울 가려고 한다."

"서울이요? 오늘 근무 안 하세요?"

"새벽에 일하고 오후부터 이틀 동안 휴가여."

"모처럼 휴가인데 쉬지 그러세요."

"쉬면 뭐 하냐. 네 얼굴 안 본 지 오래됐으니까 한번 봐야지. 넌 언제 끝나냐?"

"일곱 시쯤 끝나요."

"그래, 그럼 그 시간에 맞춰서 갈게."

직장 때문에 상경한 막내 녀석 한규가 걱정되었는지 전주에서 아버지가 올라오셨다.

"아버지, 시장하셨죠. 어서 드세요."

"그래, 어서 먹자."

한규는 아버지가 좋아하는 족발을 배달시켰다. 오랜만에 부자는 소주도 한잔씩 기울였다.

"직장 생활은 힘들지 않냐?"

"예, 괜찮아요. 팀장님이 잘 챙겨주셔서요."

"그래, 고마운 분이시네. 윗사람 말 잘 듣고 항상 성실해야 한다. 알 았지?"

"예, 아버지."

아버지는 식사를 마치자마자 코를 골며 주무셨다. 많이 피곤하신 모양이었다.

드르렁. 드르렁.

콧속에 스피커를 달았는지 그 소리가 장난이 아니었다. 한규는 피식 웃으며 혼잣말을 내뱉었다.

"여전하시네."

그런데 아버지의 코 고는 소리가 한참 동안 들리지 않았다.

"······."

순간, 한규는 아버지의 숨이 멎은 건 아닐까 하고 가슴이 철렁 내려앉았다.

"아버지! 아버지!"

급한 마음에 아버지의 몸을 흔들었다. 그러자 아버지는 또다시 폭주족 오토바이처럼 드르렁 코를 골았다. 그러곤 또 아무 일도 없었다는 듯 계속 주무셨다.

드르렁. 드르렁.

"정말 대단하셔!"

문득, 한규는 오 년 전 일이 생각났다.

여느 때와 다름없이 아버지는 아주 캄캄한 새벽에 출근했다. 도로에 널린 휴지들을 줍고 사람들이 전봇대 옆에 놓아둔 휴지 더미를 수레에 실었다. 그리고 그다음 전봇대를 향해 수레를 끌고 갔다. 그런데 그날따라 안개가 자욱했다. 형광 띠를 둘렀지만 좀체 아버지의 모습이 눈에 잘 띄지 않았다. 운전자들도 앞을 잘 가늠할 수 없는 상태였다. 결국, 사고로 이어졌다. 자동차 한 대가 아버지를 미처 발견하지 못하고 친 것이다.

"거기, 민종호 씨 댁이죠? 지금 민종호 씨가 응급실에……."

전화를 받고 한규는 급히 응급실로 달려갔다. 응급실에 누워 계시는 아버지를 보자마자 한규는 눈물을 쏟아냈다. 의식이 없는 듯 아버지는 아무 말씀이 없으셨다.

"아버지, 아버지! 일어나세요! 아버지! 왜 아무 말씀이 없으세요."

한규는 아버지를 흔들었다. 그러자 간호사가 말렸다.

"이러시면 안 됩니다. 조금만 기다려 보세요. 지금 쇼크 상태라 정신을 잃은 것 같습니다."

한참 후에 희미하게 의식이 돌아왔는지 아버지는 눈꺼풀을 파르르 떨며 눈을 뜨셨다.

"으윽."

아버지는 고통스러운지 잔뜩 인상을 찌푸렸다.

"괜찮으세요?"

"나는 괜찮다. 한규야, 미안하다."

"그게 무슨 말씀이세요. 미안하다니요. 흐흑."

한규는 아버지와 눈을 마주칠 수 있다는 이 사실이 어찌나 반갑고 눈물겹던지 아버지가 한없이 고마울 따름이었다. 결국, 아버지는 왼쪽 발목에 금이 가 깁스하는 걸로 마무리가 되었다.

드르렁. 드르렁.

또 아버지께서 코를 고셨다. 그러다가 또 한참 동안 고요했다. 예전에는 그 적막함이 좋았다. 잠잘 때 방해가 되지 않기 때문이었다. 그런데 지금은 불안하게 느껴졌다. 다행히 잠시 뒤, 드르렁 소리가 또 들려왔다.

한규는 안도의 한숨을 내쉬며 혼잣말로 중얼거렸다.

"휴, 또 살아나셨네. 아버지, 이 소리 오래오래 들려주세요."

그날 밤, 한규는 아버지의 코 고는 소리를 자장가 삼아 편안하게 잠이 들었다.

경수는 삼 년 반 만에 고향 집으로 갔다. 그렇게 오래도록 고향 집에 가지 못한 이유는 서울에서 대학교에 다니기 때문이다.

사실, 고향이 가까운 거리라면 주말을 이용해서 갔다고 올 만한데 그럴 형편이 아니었다. 고향은 전남 목포에서도 두어 시간 배를 타고 들어가야 하는 아주 작은 섬이었기 때문이다.

"어머니, 올 방학도 못 내려갈 것 같아요. 일하려고요."

"그래, 번거롭게 여기는 뭐 하러 와."

경수는 방학 때도 다음 학기 등록금을 벌려고 아르바이트를 해야 했기에 더더욱 고향에 갈 수 없었다.

그러다 드디어 시간적 여유가 생겼다. 졸업을 했고 다음 달부터 회사에 출근하게 된 것이다.

오랜만에 가는 고향 길이라 그런지 맘이 참 설렜다. 게다가 취직을 했다는 좋은 소식을 안고 가기 때문에 기분도 더더욱 좋았다. 뱃머리에 서 있으니 예전에 함께 놀았던 갈매기들이 먼저 아는 체를 하며 경수를 맞이하는 것만 같았다.

"그동안 잘 있었니? 우리 어머니 잘 지켜드렸지?"

끼룩끼룩. 갈매기가 고개를 끄덕였다.

이윽고 저 멀리 선착장이 보였다. 배가 섬에 가까워지자 경수는 눈을 크게 떴다. 그리고 소리쳤다.

"어머니!"

어머니도 경수가 외치는 소리를 들었는지 크게 손을 흔들었다. 어머니는 해녀복을 입고 있었다. 물질을 하며 홀로 경수를 키워왔던 것이다.

"우리 경수 왔구나. 우리 경수 얼굴 좀 보자."

"예, 어머니."

어머니는 경수의 얼굴을 어루만졌다.

"아직 일 안 끝났어요?"

"응, 지금 전복 캐다가 배 들어오는 시간이라 황급히 왔어. 경수야, 먼저 집에 가 있어. 마무리 좀 하고 내가 가서 맛있는 거 해줄 테니까."

"알았어요, 조심하세요."

경수는 집으로 향하고 어머니는 다시 바다로 돌아갔다.

날이 저물자, 어머니는 작업을 마치고 집으로 향했다. 사실, 경수가 집에 있다는 생각에 마음이 설레 작업이 잘 안 되었다. 어머니는 발걸음을 재촉했다. 조금이라도 빨리 경수의 얼굴을 보고 싶었다.

집에 거의 다다랐을 때, 어머니는 마치 강아지처럼 코를 킁킁거렸다. 집에서 아주 맛있는 냄새가 났기 때문이다.

"이게 무슨 냄새지?"

"어머니, 오셨어요?"

"응. 그런데 경수야, 이게 무슨 냄새냐?"

힘들게 일하고 온 어머니에게 맛있는 저녁 식사를 대접하려고 경수가 나름대로 솜씨를 발휘해 본 것이다.

"배고프시죠? 제가 어머니를 위해 저녁밥을 준비했어요."

"뭐 하러 했어? 오랜만에 집에 왔는데 엄마가 맛있는 거 해줘야지."

"아니에요. 어서 씻고 오세요."

마당에서 손을 씻는 어머니의 입가에 연방 미소가 가득했다. 늘 혼자서 밥을 먹었는데 아들 녀석이랑 함께 밥을 먹는다는 사실이 꽤 기쁜 모양이다. 아들이 직접 차려준 밥이었기에 더더욱 행복한 듯했다.

어머니는 손을 씻고 서둘러 밥상 앞에 앉았다.

"따뜻할 때 어서 드세요."

"너도 같이 먹자."

"예."

어머니는 한 숟가락 가득 퍼 입에 넣었다. 오물오물 맛있게 먹으며 말했다.

"매콤하면서도 달콤하네. 이거 참 맛있다. 우리 아들, 솜씨가 제법인데."

"정말 맛있어요?"

어머니는 쓱싹쓱싹 비벼서 맛있게 먹었다. 그러더니 잠시 멈추고 뭔가 할 말이 있는 듯한 표정을 지었다.

"어머니, 저에게 무슨 하실 말씀이라도 있으세요?"

"어, 어, 어. 경수야. 그런데 이 노란 게 뭐냐? 처음 먹어 보는 거라서……."

"카레예요."

"카, 카, 카레? 아, 카레. 그, 그, 그래. 카레."

어머니는 빙그레 웃으며 다시 한 숟가락을 떴다.

순간, 경수는 눈물이 핑 돌았다. 여태 살면서 카레를 한 번도 구경하지 못한 어머니를 보니 마음 한구석이 저렸다.

"왜 이렇게 매콤하지? 눈물이 다 나네."

경수는 눈물을 훔치며 혼잣말을 했다.

"어머니, 제가 돈 많이 벌어서 카레 또 사드릴게요."

어머니는 경수의 마음을 다 안다는 듯 조용히 경수의 손을 잡아주었다. 어머니의 거친 손, 그러나 참으로 부드럽고 따뜻했다.

"자숙아, 어떻게 할래? 그만둘까?"

"아니야, 한 번만 더 해볼게."

"괜찮겠어?"

"응, 이번이 마지막이라고 생각하고 해볼게."

자숙은 시험관 아기 시술을 받으려고 산부인과 진료실에 들어갔다. 이번이 벌써 다섯 번째였다.

"자숙 씨, 좀 아플 거니까 참아요. 아셨죠?"

"예."

자숙은 시술이 얼마나 고통스러운 일인지 이미 다 알고 있었다. 그러나 다시 또 시술대에 오른 이유는 아기를 간절히 원했기 때문이다.

"아악!"

고통스러웠지만 꾹 참았다. 아기만 생긴다면 이 정도의 고통쯤은 아무것도 아니라고 생각했다. 그리고 마음속으로 기도했다. 이번에는 꼭 성공하기를.

동규 역시 아기를 바라는 마음은 똑같았다. 복도 대기실에서 기다리는 동규의 속은 겪어보지 않은 사람은 알 수 없을 정도로 타고 무거웠다. 모든 것이 자기 탓인 것만 같고, 또한 고통받고 있을 아내를 생각하니 마음이 천근만근이었다.

'제발 좀 이번에는 성공해라.'

동규는 마음속으로 이 말을 수십 번, 수백 번 주문을 외우듯 말했다.

시술이 끝나고 자숙은 엉거주춤한 자세로 진료실을 나왔다.

"괜찮아?"

"응. 매번 하는 일인데, 뭐."

이따금 찾아오는 통증이 있었지만 자숙은 애써 미소 지으며 오히려 동규를 먼저 걱정했다.

"오빠, 많이 기다렸지? 가자. 쉬고 싶어."

"그래. 그러자."

몇 주간의 시간이 흘렀다. 자숙과 동규는 초조한 마음으로 함께 산부인과에 들렀다.

"자숙아, 혹시라도 성공하지 못한다고 해도 너무 실망하지 마. 알았지?"

"알았어."

"정말이야. 너 울지 않기로 어제 약속했어."

"알았다니까."

자숙과 동규는 두 손을 꽉 잡고 진료실로 들어갔다. 둘은 긴장한 채 의사 선생님의 입만 바라봤다. 그런데 의사 선생님의 표정이 그리 밝지 않았다. 둘은 불길한 생각이 들었다.

생각은 틀리지 않았다. 결과는 시술 실패였다.

자숙은 의사 선생님 앞에서 그만 눈물을 흘리고 말았다. 의사 선생님도 마음이 아픈지 안타까운 표정을 지었다.

"자숙아, 울지 않기로 했잖아."

"흑흑……."

그러나 자숙은 더더욱 서러움이 북받쳤는지 더 많은 눈물을 흘렸다.

"선생님, 그럼 이만 가보겠습니다. 자숙아, 일어나자. 어서."

"오빠, 이제 우리 어떻게 해……."

동규는 자숙을 부축하고 진료실을 나왔다. 동규도 소리 내어 울고 싶었지만 그저 눈물만 삼켰다. 세상이 모두 다 끝난 것 같은 기분이었다.

한 해가 가고 두 해가 갔다.

"우리가 잘 해낼 수 있을까?"

"그럼. 넌 참 좋은 엄마가 될 거야. 네가 아이를 얼마나 좋아하니?"

"하긴 그래. 난 아이랑 지내는 게 가장 행복해."

"그럼 나중에 너랑 오빠랑 어린이집 차릴까?"

"와, 그거 좋겠다."

자숙과 동규가 입양 단체에 간 첫날, 그 둘은 첫눈에 반한 귀여운 아이를 입양하기로 맘먹었다.

사실, 처음에는 망설임도 많았다. 피 한 방울 섞이지 않은 남의 자식을 어떻게 내 자식처럼 키울까 하는 두려움과 불안함으로 결정을 쉽사리 내리지 못했다. 그런데 막상 입양 단체에 와서 아이들을 보는 순간, 그런 마음은 눈 녹듯 사라졌다. 아이가 그렇게 귀엽고 예쁠 수가 없었다. 가슴으로 낳은 자식이란 말을 이해할 수 있을 정도였다.

원장 수녀님은 아이를 자숙의 품에 안겨주었다.

"잘 키우세요. 사랑의 마음만 있다면 모두 다 행복할 겁니다."

"예, 알겠습니다."

원장 수녀님은 그 아이에게 '미희'라는 이름을 지어줬기 때문에 자숙과 동규도 아이의 이름을 그대로 부르기로 했다.

"미희야, 엄마야. 엄마. 우리 미희 참 예쁘네."

"까르르."

미희도 엄마의 품이 따뜻했는지 방긋 웃었다.

젖먹이였던 미희가 어느새 자라 이제는 스스로 일어날 수 있게 되었다.

"그래, 그래. 그렇게 하는 거야. 한 발 더. 그래. 잘 걷는다."

미희는 방긋방긋 웃으며 자숙에게로 한 걸음 한 걸음 다가왔다.

꽈당.

아직은 걷는 것이 서툴러서 그런지 곧잘 넘어졌다.

"아팠어? 엄마가 호, 해줄게."

자숙은 미희를 껴안으며 말했다.

"미희야, 엄마 해봐. 엄마!"

그러자 옆에 있던 동규가 웃으며 말했다.

"이제 겨우 일어났는데 무슨 말을 한다고 그래?"

"아니야. 말할 수 있어. 분명히 눈빛으로 말했어. '엄마, 제 이름을 불러주세요. 그럼 엄마라고 할게요'라고 했단 말이야."

자숙은 미희와 눈을 맞추며 계속해서 말했다.

"엄마라고 말해봐. 미희야, 넌 할 수 있어. 엄마 딸이니까 넌 할 수 있어. 자, 엄마라고 해봐. 엄마, 엄마."

그런데 우연인지, 미희가 입을 열었다.

"음, 음, 마."

자숙은 두 눈이 휘둥그레졌다. 그리고 흥분된 말투로 말했다.

"오빠, 들었지? 들었지? 엄마라고 했어. 분명히 들었지?"

"그래, 들었어."

자숙은 얼굴 가득 기쁨으로 물들었다.

"내가 우리 미희한테 칭찬을 자꾸 해주니까 엄마라고 하잖아. 오빠, 이게 바로 칭찬의 힘이야! 칭찬하면 고등어도 춤춘다고 하더니, 그 소리가 딱 맞네."

"고등어가 아니라 고래야."

"고래든 고등어든 그게 무슨 상관이야. 하여튼 내가 우리 미희 말 트이게 했어. 와, 신난다."

"그래, 그래. 미희 엄마 장하다. 우리 미희도 장하다."

그날 밤, 자숙은 자신의 볼을 미희의 볼에 비비며 한참을 기뻐했다. 그 옆에서 동규는 이 세상에서 가장 아름다운 그림을 흐뭇하게 지켜보고 있었다.

"수철아, 이제 자야지."

"더, 더, 더 연, 연습해야 해요."

"그러고 보니 공연이 다음 주로 다가왔구나."

수철은 피식 웃으며 고개를 끄덕였다. 수철은 음악회 공연을 준비하려고 벌써 일 년째 연습을 하고 있었다. 그렇게 오랫동안 연습을 하는 이유가 있었다. 사실 수철은 어릴 때부터 뇌성마비를 앓고 있는데, 혼자서 손가락도 제대로 펼지도 못했던 수철이 이제는 색소폰을 만지고 연주할 줄 알게 된 것이다. 솜씨가 뛰어나진 않지만 그래도 들어줄 만한 실력은 갖췄다. 그런 실력을 갖추기까지 참으로 많은 노력과 연습이 필요했다. 마우스피스를 무는 데만 해도 육 개월이라는 시간이 필요했다.

"수철아, 더 세게 불어봐."

"그게 아니야. 입술에 바짝 갖다 대야지."

"색소폰을 꽉 잡아야지. 그렇게 힘이 없어서 어떻게 하려고 그래!"

처음에는 수철이나 엄마나 마음고생이 무척 심했다. 수철이가 힘들어하는 걸 보고 엄마는 괜한 일을 시키는 건 아닌가 하는 생각이 들었다. 그러다가 수철의 미래를 위해서라도 이런 시련의 시간이 필요하다고 판단했기에 엄마는 더더욱 매몰차게 밀어붙였다.

"더 세게 불란 말이야! 이래서야 어찌 이 험한 세상 혼자 살아갈 수 있겠어!"

뿌뿌뿌. 뿌뿌뿌.

색소폰 소리가 울려 퍼졌다. 그 순간, 엄마는 눈물을 흘렸다.

그 후로도 연습은 계속되었다. 감미로운 소리가 이어지지 않고 중간중간 끊겼다. 그래도 그 소리는 참으로 아름다웠다. 사실, 일반인도 색소폰을 불기란 그리 쉬운 일이 아니었다. 호흡도 길어야 하고 또한 체력도 뒤따라야 한다. 수철에게 색소폰을 분다는 건 자신과의 싸움이나 다름없었다.

"수철아, 넌 악보를 넘길 수 없으니까 다 외워야 해. 다 외웠어?"

"으, 으, 응."

연주하면서 악보까지 넘길 수 없기에 어쩔 수 없이 악보를 통째로 외워야 했다.

"수철아, 연주할 때는 실수하면 안 돼. 연주는 혼자만 하는 게 아니라 여럿이서 함께하는 거니까 다른 사람에게 폐를 끼치면 안 돼. 그러니 더더욱 연습을 열심히 해야 해. 알았지?"

"으, 으, 예."

매주 수요일 오후, 복지관 연습실에 사람들이 하나둘 모였다. 수철뿐만 아니라 거기에 모인 사람들은 모두 지체장애자나 정신지체자였다.

"자, 이제 공연이 코앞으로 다가왔습니다. 오늘부터는 좀 더 강도를 높여 연습할 겁니다. 자기가 맡은 부분은 절대 놓치지 말고 잘하길 바랍니다."

지휘자의 말에 다들 고개를 끄덕였다.

이들이 합주를 하기까지 무려 구 개월이라는 시간을 보냈다. 사실 혼자서도 하기 어려운 연주를 이들이 모여 합주를 한다는 건 말처럼 쉽지 않았다. 단 한 명이라도 실수를 하게 되면 연주는 그야말로 엉망이 되기 때문이다.

드디어 공연 날이 다가왔다.

말끔한 복장을 차려입고 수철과 단원들은 무대로 올라왔다. 연주에 앞서 대표로 수철이 관객들에게 인사를 하고 당부의 말을 전했다.

"귀, 귀, 귀가 아닌 가, 가, 가슴으로 우리의 음악을 드, 드, 들어주세요."

곧이어 관객들의 박수와 함께 연주가 시작되었다. 관객들은 마음의 귀로 연주를 들었다. 다소 서툴고 중간중간 연주가 끊기는 실수도 있었지만 그래도 관객들은 만족해했다. 물론 수철도, 연주자들도 만족해하고 행복해했다.

연주회가 끝나고 난 후, 수철은 눈물을 흘렸다. 또한 수철의 눈물을 보며 엄마도 울었다. 그 눈물은 아마도 그 무언가를 해냈다는 뜨거운 성취감의 눈물이었을 것이다.

친절한 민주 씨

요즘 가뜩이나 장사가 잘되지 않아 민주는 짜증이 머리끝까지 올라왔다. 장마까지 시작되어 옷 가게는 손님의 발길이 뚝 끊겼다. 올해는 여느 때보다 장마가 더 길다는 일기예보에 민주는 어깨가 더 처졌다.

이대로 가게를 운영해야 할지, 아니면 가게 문을 닫아야 할지 고민하는 지경까지 이르렀다.

"휴."

가게 문을 연 오전부터 밤이 된 지금까지 민주가 내뿜은 한숨은 적어도 한 트럭 가득 넘치고도 남을 것이다.

"휴……."

민주는 벽에 걸린 시계를 바라보았다. 벌써 여덟 시가 넘었다.

'오늘은 그만 들어갈까? 비도 많이 오는데. 아니야. 그래도 좀 더 기다리자.'

민주는 지루하고 따분한지 두 팔을 위로 올리고 길게 기지개를 켰다. 바로 그때, 한 여자가 가게 앞으로 다가왔다.

"드디어 온다."

민주는 자리에서 일어나 옷맵시를 매만졌다. 손님을 맞이할 준비를 한 것이다. 그런데 그 여자는 가게에 들어오지 않고 그냥 문 앞에 서 있었다.

"아니, 안 들어오고 뭐 하는 거야?"

민주는 입술을 있는 대로 내밀었다. 결국 기다리다 못해 씩씩대며 문 쪽으로 걸어갔다.

"가게 문은 왜 막고 난리야!"

문을 막고 서 있으면 어떡하느냐고 따질 요량이었다. 그리고 쏘아 붙이려는 순간, 그 여자의 눈물을 보고 말았다.

처음에는 비를 맞아 그런 줄 알았는데 그건 빗물이 아니었다. 눈물 이었다. 분명히 이 여자에게 무슨 사연이 있는 듯 보였다.

사실, 민주도 얼마 전 이별의 상처를 경험했다.

"이제 와서 안 된다면 어떻게 해?"

"미안해."

"도대체 이유가 뭐야? 다른 여자 생겼어? 그런 거야?"

"미안해. 정말 미안해."

"민철 씨, 우리 내년 봄이 결혼하기로 했잖아. 그 약속 벌써 잊은 거 야?"

"……."

민주가 이별을 통보받던 그날도 오늘처럼 하염없이 비가 내렸다.

그래서인지 민주는 여자에게 측은한 마음이 들었다.

"왜 이렇게 비를 많이 맞았어요?"

"······."

"어머, 옷이랑 머리랑 다 젖었네. 이러다 감기 걸리겠어요. 안으로 들어오세요. 어서요."

"고맙습니다."

여자는 몸을 추스르며 안으로 들어왔다. 술도 약간 한 듯했다.

민주는 일단 수건을 건넸다.

"이걸로 좀 닦아요."

"고마워요, 언니."

"드라이기도 있으니까 머리 좀 말리고 가요. 무슨 일인지는 모르겠지만 마음 아픈데 몸까지 아프면 더 힘들어요."

어느새 여자는 눈물을 멈추고 잔잔한 미소를 보였다.

"괜히 제가 장사하시는 데 방해하는 건 아니에요?"

"아니에요, 괜찮아요."

여자는 드라이기로 머리를 말렸다. 그러나 이미 다 옷이 젖은 상태라 그런지 여자는 덜덜 떨고 있었다.

"안 되겠네. 옷을 갈아입어야겠네."

민주는 여자를 위아래로 훑어보더니 이내 고개를 끄덕였다.

"대충 치수가 나왔어요. 잠시만요."

민주는 재빠르게 옷 한 벌을 골라왔다.

"이 옷으로 갈아입으세요."

"저 돈도 없는데······."

"괜찮아요. 다음부터 바보처럼 울지 말라고 주는 선물이에요. 어서요!"

여자는 옷을 받아 들고 탈의실로 갔다. 그리고 잠시 뒤, 새 옷으로 갈아입고 나왔다.

"아, 멋있네."

"고마워요."

"괜찮다니까요. 우산 여기요. 저도 이제 가게 문을 닫아야겠네요."

여자는 우산을 건네받고 연방 고개를 숙이며 감사함을 표시했다.

"언니, 정말 고마워요. 그리고 이제 안 울게요."

저 멀리 멀어져 가는 여자의 모습을 보며 민주는 방긋 웃었다.

그 후, 한 달 내내 비가 내렸다. 그런데 이상하게도 다른 옷 가게들은 한산했지만 민주의 옷 가게만은 손님들이 끊이지 않았다. 민주는 웬일이지 하는 표정을 지으며 신나게 손님을 맞았다. 그리고 속으로 생각했다.

'혹시, 그 아가씨가 소문을 냈나?'

　노란색 책가방을 멘 남자아이가 붕어빵 가게 앞을 시계추처럼 왔다 갔다 하더니 결국은 멈춰 섰다. 그냥 지나가려고 했지만 맛있는 붕어빵 냄새가 아이의 발길을 멈추게 한 것이다.

　남자아이는 해바라기처럼 방긋 웃으며 말했다.

　"붕어빵 아저씨, 천 원어치만 주세요."

　"그래, 알았다. 경오, 너 태권도 학원 다녀오는 길이니?"

　"예."

　"요즘 키가 더 큰 것 같구나."

　"콩나물을 많이 먹었거든요."

　곧이어 한 손에 검은 비닐봉지를 든 여자아이도 가게에 왔다.

　"안녕하세요, 붕어빵 아저씨."

　"그래, 민희구나. 어디 갔다 오니?"

　"예, 시장에 갔다 오는 길이에요. 천 원어치 주세요."

　"그래, 알았다."

　은호가 놀이터 옆 두 평 남짓한 가게에서 붕어빵을 구운 지도 벌써 칠 년이 되었다. 그래서 이 동네 아이들에 대해서는 웬만한 건 다 알고 있었다. 어떤 아이가 까불이인지, 공부를 잘하는지, 게임을 잘하는지, 축구를 잘하는지 등등.

드디어 김이 모락모락, 먹기 좋게 잘 구워진 붕어빵이 완성되었다.

"자, 다 됐다. 이건 경오 거. 그리고 이건 민희 거. 아저씨가 한 마리씩 더 넣었다. 경오는 태권도 학원 잘 다니니까 한 마리 더! 그리고 민희는 심부름 잘하니까 한 마리 더!"

"와, 고맙습니다. 붕어빵 아저씨."

콧노래를 흥얼거리며 멀어져 가는 아이들을 보고 은호는 흐뭇한 미소를 지었다.

사실, 은호는 아이들이 '붕어빵 아저씨'라고 불러주는 것이 너무나 행복했다. 사실 은호는 한쪽 다리가 불편해서 어릴 적부터 친구들이나 아는 사람들은 그를 '절름발이'라고 불렀다. 그런데 붕어빵 장사를 시작한 후로는 그의 별명이 '절름발이'에서 '붕어빵 아저씨'로 바뀐 것이다. 그래서 '붕어빵 아저씨'라고 불러주면 그렇게 기분이 좋을 수 없었다.

그러던 어느 날 밤이었다. 어디에선가 싸우는 듯한 거친 소리가 들려왔다. 그 소리는 바로 붕어빵 가게 앞에서 나는 소리였다.

"왜 붕어빵을 안 판다는 거야!"

"그럴 만한 사정이 있다고 말씀드렸잖아요. 손님, 죄송합니다. 다음에 오세요."

"다른 사람한테는 다 팔면서 왜 나한테는 안 파는 거냐고? 이 사람이 지금 사람 차별하네!"

험상궂게 생긴 남자가 거칠게 은호에게 화를 냈다. 은호는 연신 고개를 숙이며 미안한 표정으로 말했다.

"죄송합니다. 재료가 다 떨어져서 오늘은 드릴 수 없습니다. 다음에 오세요. 그럼, 그때는 정말 잘해 드리겠습니다."

남자는 두 눈을 크게 뜨고 더 큰 소리로 말했다.

"지금 장난하는 거야! 저기 만들어놓은 붕어빵 다섯 개가 뻔히 보이는데. 앞사람한테는 팔고 왜 나한테는 안 판다는 거야!"

"이건……. 죄송하지만 내일 다시 오세요."

남자는 성질이 났는지 침을 퉤 뱉었다.

"참 더러워서! 두 번 다시 이 가게 오나 봐라!"

은호는 입가에 미소를 잃지 않고 연신 고개를 숙여 사과했다. 그리고 붕어빵을 서둘러 종이봉투에 넣었다.

"손님, 죄송합니다. 제가 어디 갈 데가 있어서……. 다음에 오시면 꼭 맛있는 붕어빵을 드리겠습니다."

은호는 절뚝절뚝거리며 어디론가 바삐 걸어갔다.

"내 말은 아직 안 끝났는데 감히 도망을 가? 이런 절름발이가!"

남자는 입술을 쭉 내밀며 은호를 뒤따라갔다. 그런데 은호의 걸음이 어찌나 빠른지 순식간에 눈앞에서 사라졌다.

"도대체 어디로 간 거야!"

남자는 한참을 두리번거렸다. 그리고 육교 밑에 있는 은호를 발견했다.

"이봐!"

남자는 은호를 불렀다. 그러나 은호는 듣지 못한 모양이다.

남자는 다시 한번 더 크게 부르려다가 잠시 멈칫했다.

그 이유는 은호가 허리를 숙이고는 거지 소년과 무슨 얘기를 나누는 것 같아서였다.

남자는 아무 말 없이 은호와 아이를 지켜보았다.

은호가 종이봉투에서 붕어빵을 꺼내 거지 소년에게 주는 것이었다.

"영식아, 오늘은 아저씨가 좀 늦었지? 자, 어서 먹어."

"예, 붕어빵 아저씨."

소년은 붕어빵을 허겁지겁 먹기 시작했다.

"영식아, 천천히 먹어. 그러다 입천장 다 데겠다."

"너무 맛있어서 그래요."

"오늘도 많이 추웠지?"

"괜찮아요. 이 정도면 아무것도 아니에요."

"그나저나 오늘은 어땠니?"

"다행히 좋은 분들이 많이 도와주셨어요. 그래서 할머니께 따뜻한 국밥 한 그릇은 사드릴 수 있을 것 같아요."

"참 기특하구나. 영식아, 식기 전에 어서 먹어라."

은호는 입가에 작은 미소를 보이며 소년의 어깨를 어루만져 주었다.

한참 동안 은호와 소년을 지켜보던 남자는 그제야 왜 은호가 붕어빵을 팔지 않았는지 이해할 수 있었다.

어느새 남자의 입가에 미소가 번졌다. 남자는 발길을 돌리며 혼잣
말로 중얼거렸다.

"하마터면 내가 저 소년의 붕어빵을 뺏어 먹을 뻔했네."

그날 밤은 꽤 쌀쌀한 날씨였는데도 마음만은 참으로 따뜻한 날이
었다.

"요즘 정말 회사 가기 싫어 죽겠어."

"왜? 부장님한테 혼났어?"

"아니, 그게 아니고."

"그럼. 왜 그래?"

"휴, 회사에서 별걸 다 시킨다니까. 내일부터 매주 수요일엔 애사심도 높이고 책에 대한 애착도 있어야 한다며, 세 시부터 다섯 시까지 전 직원들 모두 길거리에 나가 자기가 제작한 책 열 권을 팔라는 거야."

"전 직원이 영업을 하라는 거야?"

"그렇다니까. 편집이나 하는 내가 뭘 하겠느냐고. 더군다나 자기도 알잖아. 나 소심한 거."

다음 날 오후, 중규의 손에는 책 열 권이 쥐어져 있었다. 자식 같은 책이지만 지금 이 순간만큼은 애물단지로 느껴졌다.

'휴, 이걸 어디에다 팔지?'

오후 세 시가 되자, 전 직원은 쇼핑백 안에 책 열 권씩을 싸 들고 밖으로 나섰다. 중규는 어디로 가야 할지, 또 누구에게 이 책을 팔지 판

단이 서지 않았다.

"중규 씨, 안 가고 뭐 해?"

"예, 예. 먼저 가세요."

"그럼 중규 씨, 나중에 봐요."

중규는 일단 출판사와 가장 가까운 역인 용산역으로 향했다. 아무래도 사람이 많은 곳이 낫겠다 싶었다. 그러나 사실 중규에게는 사람이 많고 적고가 중요하지 않았다. 중요한 건 낯선 사람에게 말을 걸수 있는 배짱을 가지고 있느냐다.

용산역에 도착한 중규는 이리저지 바삐 지나가는 사람들을 그저 멍하니 바라보고만 있었다. 그리고 한참의 망설임 끝에 의자에 앉아 있는 한 아저씨에게 말을 걸었다.

"저, 저, 실례합니다. 이 책은 저희 출판사에서……."

"바빠요."

횡하니 바람을 일으키며 쌀쌀맞게 걸어가는 아저씨를 보며 중규는 또 한 번 주눅이 들었다.

'휴, 정말 어떡하지?'

중규는 속수무책, 난감했다. 벌써 사십여 분이 흘렀는데 중규의 쇼핑백에는 여전히 책 열 권이 남아 있었다. 그 후로 여러 번 시도했지만 단 한 권도 팔지 못했다.

어느새 시간이 흘러 다섯 시가 가까워지고 있었다.

"어휴. 어떡하지. 일단 회사로 돌아가자."

책은 못 팔았더라도 정해진 시간을 어기고 싶진 않았다.

중규는 서둘러 회사로 향했다. 도로를 지나 중규는 지하보도로 접어들었다. 그런데 그 가장자리에 노숙자 몇 명이 신문지를 덮고 누워 있었다. 노숙자들의 모습을 본 중규는 눈살을 찌푸렸다. 그런데 한참을 걸어가다가 무슨 일인지 중규는 다시 뒤돌아왔다. 그리고 잠을 자고 있는 노숙자의 머리를 들고 책 세 권을 거기에 끼워 넣었다. 노숙자에게 베개를 만들어준 것이다.

그러자 자는 줄만 알았던 옆의 노숙자가 불쑥 말했다.

"어이, 사람 차별하는 거야? 나도 베개 줘."

또 그 옆에 있던 사람도 말했다.

"나도 베개."

결국, 중규는 책 세 권, 책 네 권으로 베개를 만들어 주었다. 결국, 책 열 권은 그렇게 소진되었다.

회사에는 동료들이 이미 다 도착한 상태였다. 사장님은 직원들의 손에 들린 책을 한 번 쫙 훑어보고는 입을 열었다.

"열 권을 다 소화한 직원은 중규 씨밖에 없구먼. 중규 씨, 다 팔았나요?"

"……예, 예."

중규는 얼떨결에 대답했다.

"얌전한 줄만 알았는데 중규 씨, 참 대단하네. 영업자의 기질이 있어요."

옆에 있던 동료들이 입술을 동그랗게 만들며 모두 다 놀라워했다.

"중규 씨, 멋진데!"

"편집 일 대신 영업하는 게 낫겠어."

"그러게 말이에요. 아무튼 중규 씨 덕분에 우리 편집팀이 일등 했네."

중규는 그 자리에서 보석이 되었다. 결국 자기 돈으로 책 열 권 값을 내야 했지만 그 돈이 아깝다는 생각은 들지 않았다. 그날이 중규에게는 보석처럼 빛나는 하루임에 틀림없었다.

광고회사 제작2팀 팀장으로 근무하는 학수는 오늘도 야근이다. 디지털카메라 신제품 출시를 알리는 론칭 광고의 경쟁 프레젠테이션이 일주일 앞으로 다가왔기 때문이다.

"다들 힘들지만 우리 조금만 힘내자."

"예."

학수는 팀원 여덟 명의 어깨를 일일이 토닥여 주며 힘을 북돋아 주었다.

사실, 이번 프레젠테이션은 무척 중요하다. 기존에 담당했던 광고주들이 모두 다 빠져나간 상태라 이번에 해내지 않으면 회사의 운영 자체가 어려울 뿐만 아니라 학수 자신에게도 마지막 기회가 될 수도 있었다.

학수는 코끝에 걸린 안경을 살짝 올리며 벽에 걸린 시계를 올려다봤다. 벌써 열한 시가 넘었다. 학수는 팀원들의 얼굴을 천천히 훑어봤다. 다들 지친 모습이 역력했다.

팀원들을 더는 붙들고 있을 수 없었다.

"오늘은 다들 그만 들어가지."

"예, 알겠습니다."

팀원들은 천천히 자리를 정리하고 다들 자리에서 일어섰다.

"팀장님, 안 가세요?"

"응, 먼저들 가. 난 이제껏 나온 아이디어를 다시 한번 보고 갈게."

"내일 하세요. 팀장님이 가셔야 우리도 가죠, 예?"

"빨리들 가. 그럼 또 붙잡는다."

"아, 알았어요. 그럼 먼저 들어가 보겠습니다."

팀원들이 우르르 사무실을 빠져나갔다. 팀장이라는 것이 이토록 어깨를 짓누르는 직책인 줄 예전에는 몰랐다.

학수는 아이디어가 적힌 A4 용지를 한 장 한 장 넘겼다. 처음부터 끝까지 보는 것만으로 족히 한 시간은 넘을 분량이었다. 그런데 그 많은 것 중에 괜찮은 것 몇 가지를 고르는 일은 참으로 어려운 일이었다. 자신의 선택이 곧 경쟁 프레젠테이션의 승패와 직결되기 때문에 신중하고 또 신중해야 했다.

그렇게 일에 열중하다 보니 사람이 눈앞에 와 있는 줄도 몰랐다.

"팀장님, 안 들어가세요? 한 시가 다 돼가요."

"아, 벌써 그렇게 됐어요?"

회사 경비 아저씨였다.

"벌써 일주일째 가장 늦게까지 남아 계시네요. 정말 바쁘신가 봐요."

"예, 중요한 건이 있어서요."

경비 아저씨가 돌아간 후에도 학수는 자리를 뜨지 않았다.

어느새 또 하룻밤이 지났다.

"팀장님, 여기서 주무신 거예요?"

"벌써 시간이 이렇게 됐네."

학수는 일을 하다가 그만 사무실에서 잠이 든 것이다.

"팀장님, 집에서 좀 쉬었다 오세요."

"괜찮아. 지금 쉬는 게 문제야. 내일모레가 결전의 날인데."

그렇게 또 학수는 일주일 내내 새벽녘까지 일했고 그중 삼 일은 집에 가지도 못했다.

어느덧, 시간이 흘러 경쟁 프레젠테이션 날이 왔다.

다섯 회사 중에 학수네 회사가 첫 번째 발표였다. 학수는 떨리는 마음을 진정시키려고 눈을 감고 심호흡을 했다.

"팀장님, 잘하세요. 아자! 아자!"

"그래, 알았어. 이번 아이디어가 좋으니까 광고주가 분명히 우릴 선택할 거야."

자신감 넘치는 표정으로 학수는 대회의실에 들어갔다. 학수는 광고주와 실무진에게 정중히 인사를 하고 본격적으로 발표를 시작했다.

"안녕하십니까? 저는 A회사 제작팀장 김학수입니다. 이번 디지털 카메라 신제품 론칭 광고는……."

발표는 순조롭게 전개되었다. 그런데 후반부에서 갑자기 학수는 말을 멈췄다. 뒤에서 지켜보던 팀원들은 가슴이 조마조마했다.

"팀장님이 왜 가만히 있지? 떨려서 그러시나?"

"그럴 리가. 여태까지 잘하시다 왜 그러시지?"

학수는 눈을 깜박거렸다. 어딘가 불편한 모양이었다. 그러더니 갑자기 픽 하고 쓰러지고 말았다.

"저 사람 왜 그래?"

순식간에 대회의장은 난리가 났다.

"팀장님!"

구급차에 실려 병원으로 간 학수는 오후 늦게 가까스로 정신을 차렸다.

"여기가 어디지?"

"기억 안 나세요? 경쟁 프레젠테이션 중에 쓰러지셨잖아요."

"아, 아. 그렇지. 그나저나 어떻게 됐어? 나 때문에 다 망쳤지?"

학수는 팀원들을 볼 면목이 없었다. 괜히 자기 때문에 일을 그르친 것 같아 몹시 괴로웠다.

"팀장님, 망치다니요. 우리 회사가 땄어요. 신제품 론칭 광고를 우리 회사가 영입했어요. 팀장님이 쓰러진 후, 김 부장님이 팀장님을 대신해서 프레젠테이션을 했어요. 아이디어가 좋다고 칭찬까지 받았어요. 아무래도 팀장님의 코피를 보고 광고주가 후한 점수를 줬나 봐요."

"그래? 그게 정말이야?"

"광고주가 팀장님께 전하래요. 론칭 광고 잘 부탁한다고요. 그리고 또 하나, 건강부터 챙기시래요."

학수는 머리를 긁적거리며 미소 지었다.

저녁 무렵, 병원에서 나온 학수는 달을 바라보며 빙긋 웃었다. 그리고 기분 좋은 마음으로 집으로 향했다.

거리에는 아름다운 캐럴이 울려 퍼지고 사랑을 속삭이는 연인들로 넘쳐났다. 크리스마스 날에 하얀 눈을 기대했지만 아직 눈은 오지 않았다.

환하게 웃는 사람들 사이로 종욱의 얼굴은 어두운 그림자를 드리우고 있었다.

"제기랄, 뭐가 그리 좋다고 난리 법석이야!"

종욱은 잔뜩 인상을 쓰며 식당 여기저기를 기웃거렸다. 이틀째 아무것도 먹지 못했다. 어떻게 하면 허기를 채울까, 오직 그 생각뿐이었다. 주머니에 돈이 있다면 아무 거리낌 없이 식당에 들어갈 텐데 종욱의 주머니에는 단돈 백 원짜리 하나도 없었다. 벌써 노숙 생활을 한 지 석 달이 되었다.

"오늘은 어디서 밥을 얻어먹지?"

아무 식당이나 들어가 밥을 먹고 도망치는 것도 이제는 겁이 났다. 지난번에 식당 주인에게 두들겨 맞은 후, 그 일도 맘대로 하지 못하게 됐다.

종욱은 식당 유리를 통해 주인이 선하게 생겼는지를 먼저 파악하는 비롯이 생겼다. 그래야 나중에 도망쳤다가 붙잡혀도 욕을 덜 얻어먹기 때문이다. 식당 여러 군데를 힐끔힐끔 쳐다보며 걷다 보니 어느새 삼각지까지 왔다.

"어, 저기가 좋겠군."

종욱은 허름한 식당 하나를 발견했다. 다행히 주인은 할머니였다. 종욱이 문을 열려는 순간, 인근 교회에서 흘러나온 성가대의 노랫소리가 귓가에 닿았다.

저 들 밖에 한밤중에 양 틈에 자던 목자들.
……
노엘 노엘 노엘 노엘 이스라엘 왕이 나셨네.

종욱은 가족들이 생각나 가슴이 뭉클해졌다. 회사가 부도만 나지 않았어도 크리스마스를 가족과 함께 보냈을 텐데 그럴 수 없다는 게 너무나 마음 아팠다.

"할머니, 여기 칼국수 하나 주세요."

"알았어요. 조금만 기다리세요."

잠시 뒤, 큰 그릇 가득 푸짐하게 담긴 칼국수가 나왔다. 종욱은 고개를 처박고 허겁지겁 먹기 시작했다. 쫄깃하면서도 얼큰한 게 마치 예전에 외할머니가 끓여주시던 칼국수 같았다.

"천천히 먹어요. 그러다 입천장 다 데겠어요."

할머니는 종욱의 먹는 모습을 보며 미소를 지었다. 금세 종욱은 한 그릇을 뚝딱 해치웠다.

"부족해요? 내가 한 그릇 더 줄게요."

"……전 한 그릇만 시켰는데."

"괜찮아요. 난 잘 먹는 사람이 제일 좋아요. 그러니 한 그릇 더 먹어요."

종욱은 고개를 끄덕였다. 그러나 내심 미안한 생각이 들었다. 한 그릇 먹고 도망가기도 사실 부끄럽고 미안한 일인데 두 그릇이나 먹고 도망간다는 사실이 마음을 무겁게 했다. 죄를 두 배나 짓는 듯했기 때문이다. 그러나 눈앞에 놓인 먹음직스러운 칼국수를 가만히 보고만 있을 수는 없었다. 종욱은 금세 또 한 그릇을 비웠다. 배가 불렀고 온몸이 따뜻했다.

"잘 드셨수?"

"예, 할머니. 배불리 잘 먹었습니다."

종욱은 안절부절못하고 불안한 마음으로 할머니를 힐끔힐끔 쳐다봤다. 그러자 할머니는 종욱의 마음을 다 안다는 듯 따뜻하게 말했다.

"오늘은 공짜예요. 일 년에 단 하루 공짜로 음식을 대접하는데 바로 오늘이 그날이에요."

사실 종욱을 위해 할머니가 일부러 지어낸 말이었다.

"……예? 공짜라고요? 가, 감사합니다. 할머니."

"아니에요. 맛있게 먹었으니 그걸로 충분해요. 자, 이것 받으세요."

할머니는 종욱에게 실장갑 하나를 건넸다.

"이게 뭐죠?"

"오늘 밤, 눈이 온다고 그러는데 이거라도 끼고 있어요."

순간, 눈물이 핑 돌았다.

"고맙습니다. 잘 끼겠습니다. 그리고 잘 먹고 갑니다."

종욱은 거듭 감사 인사를 건네고 식당을 나왔다. 그러고는 할머니가 주신 실장갑을 끼고 양손을 볼에 갖다 댔다. 참으로 따뜻했다. 그리고 종욱은 교회에서 흘러나오는 노랫소리를 따라 나지막이 흥얼거렸다.

"팀장님, 저 병원 좀 가봐야겠어요."

"민 대리, 왜? 무슨 일이라도 있어?"

민 대리는 다소 떨리는 음색으로 말했다.

"예. 아, 아내가 아기를 낳으려나 봐요."

"두어 달 더 있어야 한다며?"

"그러게요. 아기가 빨리 나오고 싶은가 봐요."

"그래, 어서 가봐."

민 대리는 엘리베이터 앞에서 발을 동동 굴렀다.

"오늘따라 왜 이렇게 안 올라오지? 도대체 누가 엘리베이터를 붙들고 있는 거야."

민 대리는 마음이 급했는지 엘리베이터를 지나 계단으로 향했다. 8층이라는 높이, 더군다나 100킬로그램에 육박하는 체중이기 때문에 계단으로 빨리 내려가기가 그리 만만치 않았다. 반도 내려오지 않았는데 숨이 목구멍까지 차올랐고 다리가 후들거렸다. 진작 살 좀 뺄 걸 하는 생각도 들었다.

지하 주차장에 도착한 민 대리는 서둘러 자동차에 올랐다. 시동을

켜는 손이 덜덜덜 떨렸다. 아내가 걱정되고 지금 상황이 궁금했기 때문이었다. 바로 전, 아내가 죽어가는 목소리로 전화해 왔다.

"자기야, 나 죽겠어. 배가 너무 아파. 아기가 나오려나 봐."

"뭐? 아기가 나온다고?"

"어떡해! 자기야, 빨리 좀 와."

"아, 알았어. 아니, 일단 119 불러. 119! 알았지? 병원으로 일단 가! 그게 빠르겠어."

"알았어. 그렇게 할게. 아무튼 빨리 와."

"그래, 나도 지금 바로 병원으로 갈 테니까 걱정하지 마. 알았지?"

지금 아내 옆에 아무도 없다는 게 너무나 신경 쓰이고 불안하고 아내에게 미안했다. 부모님은 시골에서 농사를 짓고 장인, 장모님은 안 계셨다. 서울에 친척도 없고 가깝게 지내는 이웃도 없었다. 직장 때문에 서울에 온 지 채 넉 달도 되지 않았기 때문이다.

"왜 이렇게 밀리는 거야!"

평일인데도 도로는 차로 가득 차 있었다. 민 대리는 입안의 침이 바짝 말랐다.

"휴, 정말 더럽게 밀리네!"

핸들을 손으로 내리쳤다. 아내가 어떻게라도 되면 큰일이라는 생각에 불안감마저 찾아왔다. 가슴이 답답했다. 자동차는 거북처럼 기어갔다. 그리고 좀 달리는가 싶더니 다시 서고 가고를 반복했다.

"어? 저거 봐라. 감히 끼어들려고 해?"

민 대리는 자기 앞으로 끼어들려는 트럭 운전자에게 소리쳤다.

"야, 인마! 어디서 끼어들어?"

상대방도 민 대리를 향해 삿대질을 해댔다. 민 대리는 옆으로 슬그머니 다가온 트럭이 앞으로 끼어들지 못하게 앞차에 바짝 붙었다. 그러자 끼어들려는 트럭은 다시 뒤로 물러났다.

"지금 내 상황이 어떤지도 모르고 새치기를 하려고 해!"

아내가 무사히 병원에 도착했는지, 너무 걱정되었다. 삼십 분이면 도착할 거리인데 족히 한 시간 정도는 흘렀다. 저 멀리 병원 건물이 보였다.

"이제 거의 다 왔네. 조금만 기다려. 내가 곧 갈게."

병원 건물을 보자, 민 대리는 답답했던 마음이 조금 풀렸다.

그런데 그때, 뒤에서 빵빵 경적 소리가 울렸다. 그리고 삐용삐용 하는 소리도 났다. 백미러로 보니 119 구급차였다. 다른 때 같았으면 양보를 하겠는데 민 대리는 그럴 수 없었다.

"그 안에 누가 탔는지 모르겠지만 미안합니다. 나도 지금 바쁘니까 어쩔 수 없습니다. 나도 응급 상황이에요."

민 대리는 양보하지 않고 계속 자기 갈 길을 갔다. 백미러로 뒤를 보니 119 구급차 운전석 옆에 앉은 대원이 양보하라고 수신호를 보냈다. 그러나 민 대리는 못 본 척하고 길을 비켜주지 않았다. 길 가장자리로 조금만 자동차를 비켜주면 충분히 구급차가 지나갈 수 있었는데 민 대리는 그럴 만한 마음의 여유가 없었다. 오직 아내에게 빨리 가야 한다는 생각뿐이었다.

잠시 뒤, 민 대리의 자동차는 병원 응급실에 도착했다. 119 구급차도 병원까지 뒤쫓아 왔다. 민 대리는 자동차에서 내려 응급실로 달려 갔다.

"여기 최미희 씨 왔나요?"

"예? 최미희가 누구죠?"

"임신한 여자요. 119 구급차에 실려왔을 텐데."

간호사는 고개를 내저으며 말했다.

"그런 분 아직 안 오셨는데요. 어? 저기 오시나 보네요."

민 대리는 응급실 밖을 바라보았다. 임신을 한 여자가 구급대원의 부축을 받으며 응급실 안으로 들어왔다.

"어? 미희야!"

응급실로 들어온 임신한 여자가 바로 민 대리의 아내였다. 아내는 고통스러운지 고래고래 소리를 질렀다.

"아! 아!"

아내는 민 대리를 발견하더니 더더욱 크게 소리를 질렀다.

"자기야, 나 어떡해? 자기야……."

"괜, 괜찮아. 내가 있잖아. 그런데 왜 이렇게 늦게 왔어? 집하고 병원 하고 그리 멀지 않잖아."

그러자 옆에 있던 구급대원이 말했다.

"예전처럼 사람들이 양보를 안 해요. 병원 입구로 들어오는 길목에 서 아무리 사이렌을 울려도 앞차가 길을 비켜주지 않는 바람에 이렇 게 늦었습니다. 죄송합니다."

그 순간, 민 대리는 얼굴이 새빨개졌다. 병원 오는 길, 백미러로 보앉던 구급차, 그 구급차 안에 바로 아내가 타고 있었던 것이다. 자기 때문에 더 많은 고통을 받았을 아내를 생각하니 민 대리는 마음 한구석이 아려왔다. 그리고 남을 위해 배려할 줄 모르고 오로지 자기 일만 생각했던 자신이 너무나 부끄러웠다.

가장 노릇

"당신, 이제 주무세요."

"괜찮아. 난 아직 멀었으니까 먼저 자."

국 씨는 오늘도 하얗게 날을 지새울 모양이다.

"몸도 좋지 않은 양반이 너무 무리하는 거 아니에요?"

"몸이 안 좋으니까 더 노력해야지. 그래야 정상인을 따라잡을 수 있지. 걱정하지 말고 어서 자."

"알았어요. 너무 오래 하지 말고 주무세요."

"그래."

국 씨는 몸을 비틀어가며 가운뎃손가락으로 겨우 책 한 쪽을 넘겼다. 한 쪽을 넘기는 데 보통 사람은 단 일 초도 걸리지 않지만 그는 달랐다. 적어도 이십여 초가 걸렸다. 요즘 국 씨는 공인중개사 시험을 준비하고 있다. 불편한 몸으로 딱히 할 것이 없으니 일단 자격증이라도 따면 무슨 수가 생기지 않겠나 하고 거기에 매달린 것이다.

이 년 전 일이다. 국 씨는 보습학원에서 운전기사로 일했는데 그만 눈밭에서 학원 차가 미끄러져서 교통사고가 났다. 그 사고로 국 씨는 팔다리를 모두 움직일 수 없게 되었다. 당시 마흔 살, 한 집안의 가장이었던 젊은 국 씨는 청천벽력 같은 일을 도저히 받아들일 수 없었다.

사고 소식을 들은 아내는 절망에 빠졌다. 평생 거동이 불편할 거라는 의사의 말 때문이었다.

"여보, 이제 우리 가족은 어떻게 해요. 어서 일어나세요."

아내는 남편을 바라보면 눈물이 났다. 남편 앞에서 눈물을 보이지 않으려고 애써봤지만 그러면 그럴수록 눈물이 더 나왔다.

"여보, 미안해."

"아니에요. 이렇게라도 살아 있으니 얼마나 다행이에요."

"차라리 죽었으면 더 좋았을 텐데……."

"지금 그걸 말이라고 해요? 그런 말도, 생각도 하지 마세요. 그냥 이렇게 눈을 마주치는 것만으로도 얼마나 고마운 일인데요."

"알았어. 나도 하루빨리 일어나도록 노력할게."

아내는 또 눈물을 흘렸다.

"울지 마. 그리고 걱정하지 마. 내가 처자식은 굶게 내버려두지 않을 테니까."

국 씨는 자신의 감정을 속여가며 아무렇지도 않은 듯 오히려 아내를 위로해 주었다.

그는 재활 치료에 모든 힘을 다 쏟았다. 그리고 육 개월 만에 퇴원을 했다. 말이 퇴원이지, 사실 더 이상의 진전이 없어 퇴원을 하게 된 것이다.

혼자 힘으로 걷지도 못하고 밥도 제대로 먹지 못했다. 아내의 도움

없이는 꼼짝도 하지 못했다.

"아. 입을 좀 크게 벌리세요."

"너무 많아. 조금씩만 줘."

"많이 먹어야 빨리 건강을 회복할 수 있죠. 자, 아."

국 씨는 아내가 주는 밥과 반찬을 열심히 받아먹었다.

"어휴, 잘 먹네. 내 강아지."

"뭐? 내 강아지? 하하하."

"하하하."

병원에서 퇴원한 이후, 국 씨와 아내는 부쩍 웃음이 늘었다. 즐거운 일이 있어서가 아니라 그냥 웃는 것이었다. 웃음이 건강에 좋다는 걸 알기에 억지로라도 아내는 남편에게 웃을 일을 만들었다. 그 마음을 알기에 국 씨도 더 많이 웃었다.

"예전에는 매일 술 마시고 늦게 들어왔는데 이제 그럴 일 없으니까 좋지? 안 그래?"

"그래요, 좋아요. 평생 이렇게 같이 있을 생각 하니까 좋아 죽겠네요."

"하하."

여느 때와 다름없이 국 씨는 밤늦게까지 책을 보았다.

"여보, 여태 안 잤어요? 새벽 두 시예요."

"벌써 그렇게 됐나?"

"그러다 뭔 일 생기겠어요. 이제 주무세요."

"지금 내가 잠이 오겠어? 가장의 도리를 할 기회가 생겼는데. 내가 합격하면 동네에 공인중개사 사무실을 열 거야. 그때는 당신도 날 도와야 해. 알았지?"

"알았어요. 그러니 어서 자격증이나 따세요."

"그나저나 당신 직함은 뭐로 하지? 아, 그래. 실장이 좋겠다. 최 실장!"

"최 실장이요?"

"그래, 내가 전화를 받을 테니까 손님들 오면 집 좀 안내해 줘. 최 실장, 그렇게 할 수 있겠지?"

"당연하죠. 저 그럼 취직된 거예요?"

"그래."

"와, 이제 나도 일하는 여성이다. 명함도 미리 찍어야겠다."

"그렇게도 좋아?"

"그럼요. 할 일이 있다는 게 얼마나 좋은데요."

부부는 서로 얼굴을 바라보며 행복한 웃음을 지었다. 사실, 그 둘은 마음속으로 울고 있었는지도 모를 일이다. 그러나 서로에게 힘이 되고 위안이 되고 사랑이 되려고 그들은 일부러 더 크게 웃으며 희망을 놓지 않는 것이다.

저 멀리, 창문 밖에서 "메밀묵~! 찹쌀떡~!"을 외치는 소리가 희미하게 들려왔다. 그 소리가 어찌나 정겹고 아름답던지 둘은 서로 바라보며 작지만 깊은 미소를 보였다.

공짜 안경

"할머니, 이 숫자 읽어보세요."

"3."

"아니, 그거 말고. 밑에 숫자요."

"아, 7."

"아닌데. 이건 5잖아요."

"거기까지는 안 보여."

"예, 알았습니다. 이제 검사는 끝났습니다. 내일모레 오시면 됩니다."

"고마워요."

"별말씀을요."

할머니는 안경점을 나갈 때, 연신 허리를 숙여 인사했다.

"정말 고마워요."

"아니에요. 할머니, 그러다 허리 더 휘겠어요. 그만하시고 조심히 가세요."

할머니는 안경점 밖에서도 다시 한번 고개를 숙이며 감사의 눈빛을 보냈다. 안경점을 운영하는 민종은 빙그레 웃으며 답례했다.

민종은 벌써 십여 년째 어려운 사람들에게 안경을 무료로 맞춰주고 있었다. 그래서 그동안 무료로 나눠준 안경만 오천여 개가 넘었다.

어느덧 오후가 되자, 한 무더기의 어린 학생들이 안경점에 들이닥쳤다.

"일단 각자 맘에 드는 안경테부터 고르도록 하렴."

"예."

학생들은 두 눈을 크게 뜨고 안경테를 고르기 시작했다.

"야, 이거 어때?"

"좋은데. 나는 어떠니?"

"너는 그것보다 검은 뿔테가 좋은 것 같아."

"그래? 그럼 이거 한번 써봐야지."

학생들은 각자 맘에 드는 안경테를 골랐다. 그리고 순서에 따라 시력을 측정했다.

그 어린 학생들은 보육원에서 온 아이들이다. 며칠 후면 새 학기가 시작되기 때문에 학교 가기에 앞서 안경을 무료로 맞춰주려는 것이다. 오후 내내, 민종은 학생들에게 안경을 맞춰주려고 정신없이 일했다.

"이제 다 됐다. 토요일에 한 번 더 오렴. 그럼 새로운 안경이 기다리고 있을 거야. 그리고 다들, 텔레비전 너무 가까이서 보지 말고. 알았지?"

"예!"

학생들은 기분이 좋은지 깡충깡충 뛰며 안경점을 나갔다.

"녀석들, 그렇게 좋은가?"

이제 겨우 여유를 찾은 민종은 의자에 앉아 잠시 쉬었다.

잠시 뒤, 옆집 철물점 아저씨가 안경점 문을 열고 들어왔다.

"자네, 오늘도 무료로 안경 해준 거야?"

"예."

"오늘은 몇 개야?"

"여덟 개요."

"그러다 가게 문 닫겠어. 그렇게 무료로 막 퍼주면 뭐 먹고 사나?"

"……허허허."

민종은 웃기만 했다.

"그나저나 왜 자꾸 무료로 안경을 맞춰주는지 말 안 해줄 거야?"

"이유가 있나요? 어려운 사람 돕고 사는 거죠."

"그러니까 왜 그런 생각을 하게 되었느냐 말이야."

철물점 아저씨는 그것이 몹시 궁금했다. 남을 돕는 사람들은 분명히 도움을 주게 된 계기가 있기 마련이다.

"말해봐. 과거에 무슨 죄라도 지은 거야? 그래서 사죄하는 마음으로 선행을 베푸는 거 아니야?"

철물점 아저씨는 배시시 웃어가며 농담조로 물었다.

"아니에요. 무슨……."

민종은 더 이상 숨기지 않았다. 이윽고 나지막이 입을 열었다.

"사실은, 제가 열여덟 살 때 한 자선 단체의 도움을 받아 각막 이식 수술을 받았어요. 평생 암흑 속에서 살 뻔했는데 도움을 받아 이렇게 세상의 빛을 보게 되었죠. 그래서 그 감사의 마음을 나누고자 안경점을 열었고 많은 사람에게 무료로 안경을 선물하는 거예요."

그제야 철물점 아저씨가 고개를 끄덕였다.

"그랬구먼. 그래도 살다 보면 그런 은혜를 잊기 쉬운데 여하튼 이렇게 남을 위해 좋은 일을 한다는 게 대단한 일이야. 나 같았으면 진작 잊고 나만 잘살려고 했을 텐데. 자네 같은 사람은 없어. 칭찬 좀 받아야 해. 자네는 칭찬 좀 받아야 한다고."

"제가 뭘 잘했다고 칭찬이에요. 전 그냥 제가 좋아서 하는 건데요, 뭐. 칭찬받아야 한다면 제가 아니라 세상을 따뜻하게 바라볼 수 있게 허락한 내 눈의 주인이죠."

"아, 그런가? 그나저나 나는 언제 공짜로 해줄 건가? 무료로 안경 나눠주려고 저번에 나한테 비싸게 받은 거 아니야?"

"아니에요."

"하하하."

철물점 아저씨의 농담에 민종은 환하게 웃었다. 웃는 얼굴이 참으로 선하고 아름다웠다. 그리고 그 눈빛도.

웃기는 체벌

"홀수 번호와 짝수 번호로 편을 나눠서 축구 시합을 하겠다. 인원수가 많으니까 공은 두 개로 하고. 둘 중에 아무 공이나 차서 상대편 골대에 넣으면 된다. 무슨 말인지 알겠나?"

"예!"

중학교에서 체육 교과를 가르치는 김 선생은 체육 시간이 되면 축구를 자주 시킨다. 그것도 단 한 명도 열외 없이 반 전체 학생들이 참여하도록 한다. 체력적으로나 정신적으로 공부 때문에 지친 상태이기 때문에 운동을 통해 그 스트레스를 말끔히 씻어주고 싶은 생각에서다.

"선생님, 공이 두 개인데 그럼 심판은 누가 봐요? 심판도 두 명 있어야 하는 거 아닌가요?"

한 학생이 김 선생에게 질문을 했다.

"심판은 따로 없다. 여러분의 눈과 양심이 심판이다. 그리고 선생님도 함께 뛸 거다. 선생님 나이가 마흔세 살이니까 나는 홀수 팀이다. 불만 있나?"

"아니요."

운동장 한가운데에 축구공 두 개가 놓였다.

삐익!

호루라기 소리와 함께 축구 경기가 시작되었다. 인원도 많고 더군 다나 공을 두 개로 하니까 정신이 없었다. 아이들은 우르르 공이 있는 곳으로 몰려다녔고 축구공 두 개는 이리저리 날아다녔다. 한 번에 공 두 개가 골대로 향하면 골키퍼는 어쩔 줄 몰라 했다.

"야, 수비수 뭐 해! 내가 신의 손이냐? 어서 막아!"

골키퍼는 어느 공 먼저 막을까 왔다 갔다 하다가 결국 하나도 막지 못했다.

"야, 인마! 하나라도 제대로 막아야지. 지금 뭐 해?"

"그렇게 잘하면 네가 해!"

"그래, 내가 할게! 너보다는 내가 낫겠다."

"잘난 체하기는! 그렇게 잘하는 놈이 성적은 왜 그 모양이냐!"

"너 말 다 했어? 이 자식이!"

결국, 수비를 보던 학생과 골키퍼를 보던 학생 둘은 싸우고 말았다. 주먹이 오고 가더니 둘은 땅바닥에서 나뒹굴었다.

"이 자식, 나한테 혼나야 정신 차리지!"

"무슨 소리! 너야말로 맛 좀 봐라!"

순식간에 아이들이 몰려왔다. 물론 김 선생도 황급히 달려왔다.

"너희 지금 뭣들 하는 거냐? 그만두지 못해!"

싸우던 학생들은 동작을 멈췄다.

"지금 축구하자고 했지, 내가 싸우라고 했어?"

삐익! 김 선생은 호루라기를 불었다.

"다들 모여!"

반 아이들은 운동장에 모였다.

"너희 둘, 앞으로 나와."

싸웠던 학생 둘은 고개를 숙인 채 앞으로 나왔다.

"쟤네들은 죽었다. 체육 선생님 열받으면 정말 무서운데. 유도 3단 이잖아."

"그러게 말이야. 엎어치기 한 판이면 저 둘은 끝이지."

반 아이들은 웅성거렸다. 사실, 두 학생도 잔뜩 겁을 먹은 표정이었다.

김 선생은 하늘을 보고 한숨을 내쉬었다. 그리고 두 학생에게 말했다.

"너희 둘, 도저히 용서할 수 없다. 감히 내 앞에서 싸움을 해? 어마 어마한 체벌을 줄 테니까 각오해."

김 선생의 단호하고도 위엄 있는 말투에 두 학생은 몸을 뒤로 뺐다. 혹시라도 엎어치기가 들어오지 않을까 하는 생각이 들었던 것이다.

"너희 둘! 삼 분 동안 웃는다. 실시!"

"예?"

두 학생은 황당한 표정을 지었다. 반 아이들도 황당하기는 마찬가지였다.

"웃으라고요?"

"그래. 내 말 못 들었어? 너희 둘, 삼 분 동안 소리 내서 웃어. 만약에 시간을 안 채우거나 웃음소리가 작으면 더 무서운 체벌을 줄 거야. 알았어? 자, 실시!"

두 학생은 고개를 갸우뚱거리더니 이내 웃기 시작했다.

"푸하하······."

"히히히······."

웃는 두 학생의 모습이 재미있는지 반 아이들도 킥킥거리기 시작했다.

"아하하하!"

"와하하!"

"낄낄."

"이거 정말 대박이다."

"아이고, 배야. 내 배꼽, 내 배꼽."

아이들의 웃음은 끝날 줄 몰랐다.

김 선생은 아이들의 얼굴에서 요즘 웃음이 많이 사라지는 것 같아서 좀 독특한 체벌을 고안해 낸 것이다.

"어때? 웃으니까 기분 좋지?"

"예!"

"내가 이런 체벌을 준다고 해서 일부러 말썽 피우면 안 된다. 알았지?"

"예!"

김 선생은 아이들의 웃는 모습을 보고 흐뭇한 표정을 지었다. 참으로 오랜만에 학교에는 웃음이 가득했다.

사랑합니다, 고객님

지나는 114 콜 센터에서 일한다. 이곳에서 일한 지 벌써 오 년이 되었다. 작년 겨울, 감기 때문에 목소리가 잠겨 며칠 쉰 것 빼고는 그동안 정말 열심히 근무했다.

새벽녘에 일어난 지나는 옷을 주섬주섬 챙겨 입고 방문을 열었다.

"약수터 가려고?"

"예."

"오늘은 그냥 쉬지 그러니. 어제 아버지 제사 지내느라 피곤할 텐데."

"괜찮아요. 엄마, 조금 더 주무세요."

지나는 물통을 들고 약수터로 향했다. 집에서 약수터까지는 걸어서 삼십 분 정도 걸렸다. 그녀는 매일 새벽, 이 길을 걸었다. 그 이유는 약수터 물을 마셔야 맑고 아름다운 목소리를 낼 수 있다는 믿음 때문이다. 언젠가 엄마가 떠온 약수를 먹고 출근한 날, 유난히 고객들로부터 목소리가 아름답다며 칭찬을 들었다. 그 후로 그녀는 단 하루도 약수터 가는 것을 거르지 않았다.

모든 직장 생활이 그렇듯 114 안내원 역시 그리 만만치 않다.

"사랑합니다, 고객님. 만리장성, 말씀이십니까? 네, 안내해 드리겠습니다."

"사랑합니다, 고객님. 충주상회, 말씀이십니까? 네, 안내해 드리겠습니다."

온종일 맑고 상냥한 목소리로 말해야 한다는 것 때문에 알게 모르게 스트레스가 많이 쌓인다. 어떤 사람은 술 먹고 전화를 해 다짜고짜 욕설을 퍼붓는 일도 있고, 또 다른 사람은 찾으려 했던 전화번호가 없다고 짜증을 부리기도 한다. 그래도 지나는 맑고 상냥한 목소리를 유지해야 한다. 언젠가는 돌아가신 아빠의 목소리와 비슷한 고객이 전화번호를 문의하기도 했는데, 그 순간 눈물이 핑 돈 적이 있다. 가슴속 울음이 목구멍까지 차올랐지만 가까스로 누르고 전화번호를 안내한 적이 있었다. 그리고 또 집안일로 언니와 다퉈 몹시 속상했지만 미소를 잃지 않아야 한다는 강박관념에 겨우 일한 적도 있었다. 다른 사연들도 많지만, 그런 일들로 스트레스를 종종 받아도 지나는 이 일을 한다는 것이 너무나 행복했다. 나름대로 보람찬 일을 하고 있다고 믿기 때문이다.

"사랑합니다, 고객님. 무엇을 도와드릴까요?"

"네, 접니다."

"아, 할아버님이세요. 오늘은 무슨 일로 전화 주셨습니까?"

"충성이가 새끼 열 마리를 낳았지 뭡니까? 그래서 전화를 한 겁니다."

"아, 좋으셨겠네요."

"좋다마다요. 어깨춤이 절로 나옵니다. 이런 날, 할망구라도 옆에 있었으면 좋으련만."

"……그러게요. 그래도 힘내셔야죠."

114 안내원의 주 업무가 전화번호를 안내하는 일이지만 차마 외면할 수 없는 전화가 가끔 걸려오기도 한다. 재작년, 지나와 민구 할아버지의 인연은 이렇게 시작되었다.

"사랑합니다, 고객님. 무엇을 도와드릴까요?"

"흐흑. 할망구가 보고 싶어."

"예? 무슨 말씀이십니까? 고객님."

"한 달 전에 할망구가 죽었어. 하늘나라로 전화 좀 걸어줘. 할망구 목소리라도 듣게 말이야."

"예? 하늘나라 전화번호요?"

할머니와 단둘이만 살았던 민구 할아버지는 할머니가 돌아가신 후, 그 그리움을 털어놓을 사람이 없어 114에 전화를 건 것이었다. 그 후, 할아버지는 자주 114에 전화를 했다. 우연찮게 지나가 전화를 받으면 할아버지는 그렇게 기쁠 수가 없었다.

"할망구가 냉잇국을 기가 막히게 끓였는데, 그 냉잇국이 자꾸 생각이 난다니까."

"할망구가 없으니까 등 긁어줄 사람이 없어서 참 불편해. 꼬부랑이였지만 그래도 참 쓸모가 많았는데."

"할망구는 평생토록 찬밥을 내온 적이 없었어. 늘 나에게 따끈따끈

한 밥을 줬지. 지금 생각해 보면 참 고마워."

전화선을 타고 들려오는 민구 할아버지의 목소리를 들으면서 지나의 가슴도 뭉클했던 적이 한두 번이 아니었다. 업무에 방해가 되는 건 사실이었지만 그렇다고 할아버지의 전화를 끊을 순 없었다. 할아버지에게 가장 필요한 건 지금 누군가와 이야기를 나누는 거라는 걸 지나는 잘 알고 있었기 때문이다.

"참. 지나 양, 강아지 한 마리 줄까요?"

"아니에요. 그렇지 않아도 제가 강아지 한 마리를 키우는데 그것 때문에 매일 엄마랑 싸워요. 아파트가 좀 불편해요."

"아, 그렇군요. 아참, 전화 길어지면 안 되죠? 내 정신 좀 봐. 오늘은 이만 끊고 다음에 할게요."

"예, 그러세요. 오늘 하루도 즐거운 하루 되세요."

지나는 옆에 놓인 약수가 들어 있는 물통을 들어 한 모금 마셨다. 그리고 걸려온 전화를 기분 좋게 받았다.

"사랑합니다, 고객님. 무엇을 도와드릴까요?"

할아버지와 통화한 날은 유난히 더 목소리가 맑고 아름다워지는 지나였다.

"여보, 여기."

"응, 고마워."

아내가 충걸에게 돈 삼만 원을 내밀었다. 충걸은 미소 지으며 돈을 받았다. 일주일에 삼만 원 용돈. 사실 일주일간 점심만 사 먹어도 남지 않는다. 그러나 충걸은 불평하지 않았다. 아무런 불평 없이 웃으며 받는 남편을 보고 오히려 아내는 미안한 생각이 들었다. 사회생활을 하다 보면 친구들과 어울려 술이라도 한잔해야 하는데 용돈이 적어서 그러지도 못하는가, 싶었다.

실은 결혼 전 충걸은 흥청망청 써대는 바람에 돈을 모을 수가 없었다. 그래서 결혼과 동시에 경제권을 아내에게 맡긴 것이다. 그 덕분에 작은 집이라도 한 칸 마련할 수가 있었다.

"여보, 만 원 정도 올려줄까?"

"괜찮아, 있으면 쓰게 되잖아. 그냥 부족한 대로 살아야지, 뭐."

"그럼 오토바이 조심히 잘 몰아. 차도 조심하고."

"알았어."

충걸은 용돈을 타는 월요일 아침이면 유난히 기분이 좋다. 이유는 바로 계란을 살 수 있기 때문이다. 충걸은 동네 슈퍼에 들렀다.

"계란 세 판만 주세요."

"예, 또 오셨네요."

충걸은 계란 세 판을 오토바이 뒤에 실었다. 그리고 종합 복지관을 향해 달렸다. 한 이십여 분을 달렸을까. 드디어 복지관에 도착했다.

"관장님, 안녕하세요."

"아이고, 오셨어요."

"자, 여기 있습니다."

"월요일 아침마다 제가 매번 선물을 받네요."

"선물은요. 더 많이 드려야 하는데 이 정도밖에 못 드려서 죄송해요."

"아이고, 무슨 말씀이세요. 단 한 번도 거르지 않고 매번 이렇게 찾아와 주는 게 얼마나 고마운데요."

그때였다. 복지관 안에서 아이들이 우르르 나왔다.

"와, 우체부 아저씨다!"

"그래, 잘들 지냈어?"

"예, 오늘도 계란 가져오셨어요?"

"응, 그래."

"아저씨, 계란이 제일 맛있어요!"

"정말?"

"정말이에요! 와, 신난다! 오늘 아침에는 계란프라이 먹을 수 있겠다!"

충걸은 아이들을 보며 흐뭇한 표정을 지었다. 관장님도 미소를 지었다. 그리고 나지막이 말했다.

"그나저나 오늘 점심밥도 계란 세 판 때문에 굶으시겠네요. 충걸 씨 점심값을 우리가 뺏는 건 아닌지 모르겠네요."

"아니에요. 계란 때문에 굶는 게 아니에요. 배고픈 아이들과 함께 그 배고픈 마음을 함께 나누고 싶어서 그런 거예요. 배고파 본 사람이 배고픈 사람의 심정을 이해할 수 있잖아요."

관장님은 고개를 끄덕였다.

"참 고우신 분이네요. 아, 그나저나 우리가 너무 오래 붙드는 거 아닌가요. 어서 가세요. 출근 시간 늦겠네요."

"예, 알겠습니다. 그럼 또 다음 주 월요일에 오겠습니다. 얘들아, 다음 주에 또 보자. 알았지?"

"예! 조심히 가세요!"

"그래, 너희도 그동안 잘 놀고 있어!"

"예!"

충걸은 관장님과 아이들에게 인사를 하고 직장인 우체국으로 향했다. 그리고 우체국에 도착한 충걸은 오늘 배달해야 할 우편물을 오토바이에 가득 싣고 바삐 움직였다. 여느 때와는 달리 배달할 우편물이 많았다.

"편지 왔습니다. 서울 딸에게서 온 것 같네요."

"예, 고맙습니다."

아침부터 오후까지 충걸은 점심도 거른 채 열심히 일했다. 일하는 내내 배 속에서 꼬르륵꼬르륵 소리가 들렸지만 그래도 기분 좋게 참

아냈다. 복지관 아이들의 해맑은 얼굴만 떠올리면 금세 시장기가 사라졌다. 아니, 계란을 먹고 행복해할 아이들을 생각하니 먹지 않아도 배가 부른 듯했다.

곰팡이 꽃

결혼을 하기 위해선 남자 측에서 준비할 것이 있다.

평생토록 신부를 아끼고 사랑하는 마음 외에도 준비할 게 있다.

그건 바로 집이다. 비와 바람은 피할 수 있는, 두 다리 뻗고 편히 쉴 수 있는 집 한 칸 정도는 마련해야 한다.

철중은 그리 넉넉한 형편이 아니라서 반듯하고 넓은 집은 구하지 못했다.

서울 집값, 하루가 다르게 치솟으니 철중은 막막했다.

결국 철중의 신혼은 팔 평 반지하에서 시작되었다.

"괜찮겠어? 반지하인데?"

"뭐 어때! 자기하고 함께만 있다면 난 어느 곳이든 상관없어."

다행히 신부인 선영은 철중의 형편을 이해했다.

둘이 함께 지내고 함께 잠을 자고 함께 밥을 먹는 것만으로도 행복했다.

그러나 생활은 불편한 게 한두 가지가 아니었다.

집이 좁다 보니 살림살이를 제대로 갖출 수가 없었다.

냉장고도 작은 걸로 사야 했고 침대나 장롱은 엄두도 안 났다.

한마디로 신혼집이라기보다는 자취방 수준이었다.

그래도 선영의 얼굴에는 미소가 떠나지 않았다. 오히려 이렇게 아기자기 지내는 것이 좋다고 했다. 마치 어릴 적, 놀이터에 주저앉아 소꿉장난하는 것처럼.

행복하고 달콤한 겨울을 보내고 봄이 찾아왔다. 그런데 문제 하나가 툭, 하니 터졌다.

바로 반지하의 저주였다.

"자기야, 이게 뭐야? 곰팡이 피었어."

"그, 그, 그러게."

곰팡이가 구석 벽에 몽글몽글 피었다.

"일단 걸레로 닦아보자."

철중은 곰팡이가 날리지 않게 조심조심 닦았다. 그러나 쾌쾌한 냄새까지는 막을 수 없었다. 벽지에도 곰팡 자국이 검게 남았다. 일그러지는 선영의 얼굴을 보니 철중은 좀 미안했다. 철중은 기분 전환을 하려고 농담 한마디를 던졌다.

"봄이니까 꽃이 피네. 곰팡이 꽃."

선영은 마지못해 피식, 웃었다.

그날 밤, 부부는 나란히 누워 천장을 바라보았다.

철중은 정적을 깨고 선영에게 먼저 말을 걸었다.

"자기야, 자?"

"아니. 왜?"

"좀 속상하지?"

"뭐가?"

"나 만나서 곰팡이 피는 곳에서 살잖아."

"아니야."

어둠 속이었지만 다행히 철중은 선영의 미소를 발견할 수 있었다.

선영은 이어 밝은 목소리로 말했다.

"그런 생각 하지 마. 난 괜찮아. 그리고 반지하가 좋아. 바닥에서 찬 기운이 올라오니까 여름에 에어컨도 필요 없고 그리고 창밖으로 들리는 사람들의 발자국 소리도 얼마나 정겨운데. 난 좋아. 그리고 좁으니까 늘 자기랑 붙어 있을 수 있잖아."

순간, 철중은 눈물이 핑 돌았다.

선영은 이어 말했다.

"내가 모든 부귀영화를 다 포기하고 자기를 선택한 거 알지?"

철중은 입가에 미소를 지으며 말했다.

"뭔 소리야? 진안 촌사람을 서울 특별시민으로 만들어준 게 누군데."

"내가 얼마나 부잔 줄 알아? 논과 밭이 끝이 안 보일 정도로 넓었어."

"야, 야, 너희 아빠가 부자지. 네가 부자냐?"

"나도 부자야. 나도 농사 같이 지었단 말이야."

"무슨 소리. 넌 그냥 옆에 서 있었겠지."

선영은 발끈했다.

"아니야. 내가 얼마나 고생했는데. 모내기도 하고 농약 칠 때 줄도 잡아주고 잡초도 뽑고…… 그리고 오빠 만나기 전에 내가 얼마나 인기가 많았는데. 나 좋다고 쫓아다닌 남자들이 얼마나 많았다고. 그런 남자들 포기하고 자기를 선택한 거야. 고마운 줄 알아야지."

"그래그래. 고맙다. 다 포기하고 나를 선택해 줘서."

그날 밤 내내, 방에는 곰팡이 꽃 대신 부부의 행복한 이야기꽃이 활짝 피었다. 참으로 행복한 밤이었다.

어머니가 돌아가신 후, 수희와 정희는 김제에서 전주로 이사를 왔다.

그런데 이사를 오기까지 참으로 우여곡절이 많았다. 그 이유는 고향에 남겠다는 아버지와 전주로 이사를 가자는 수희와의 갈등 때문이었다.

"난 여기에 있을 테니까 너희끼리 전주로 가렴."

"그게 무슨 말씀이세요. 이제 농사는 그만 짓고 우리랑 함께 전주로 가요. 이제 쉴 때도 됐잖아요."

"평생을 흙 파고 살았는데 이제 와서 어떻게 그만두냐. 난 여기에서 농사 계속 지을 테니 너희만 가라."

"평생 농사짓느라고 고생하다가 엄마도 돌아가셨잖아요. 그러니 농사는 그만 지어요."

수희는 돌아가신 엄마 생각에 순간, 흥분을 하여 아버지에게 하지 말아야 할 말을 그만 내뱉고 말았다.

옆에서 듣고 있던 언니 정희가 참다못해 수희를 나무랐다.

"수희 너, 지금 그게 무슨 소리야! 네가 아버지한테 그런 말을 할 수 있어! 아버지가 우리 때문에 얼마나 고생을 했는지 몰라서 그래!"

수희도 가만히 있지 않았다.

"언니, 정말 몰라서 그래? 엄마가 간이 안 좋았는데도 계속 농사일을 했잖아. 아버지 눈치 보느라 엄마가 쉴 수 있었겠어?"

"수희 너, 정말 그만하지 못해!"

정희가 수희의 등짝을 한 대 쳤다.

"왜 때려!"

아버지는 고개를 떨군 채 아무 말 없이 밖으로 나갔다.

사실, 수희의 말이 틀린 건 아니다. 어머니는 예전부터 간이 좋지 않았다. 그래서 읍내 병원에 가면 늘 의사가 고된 일은 그만하고 쉬라고 당부했다. 그런데 시골 일이 그리 쉬운가. 눈만 뜨면 일거리가 널려 있어 아침부터 저녁까지 쉴 틈이 없었다. 어쩔 수 없이 어머니는 아버지와 함께 되약볕에서 농사일을 해야만 했다.

한참 후에 아버지가 들어오시더니 한마디를 내뱉었다.

"수희 말대로 우리 이사 가자."

그렇게 해서 수희네 가족은 전주로 이사를 오게 된 것이다.

이사 오고 일주일쯤 지났을 때였다.

수희는 거실 서랍장에서 검은 비닐에 있는 무언가를 발견했다.

그건 바로 '비디오테이프'였다.

"이게 뭐지?"

수희는 자기 방으로 비디오테이프를 가져왔다.

"언니, 이게 뭔 줄 알아?"

"모르겠는데. 거기 뭐라고 안 적혀 있니?"

"응. 아무것도 안 적혀 있는데."

"한번 틀어봐."

수희는 비디오테이프를 비디오 안에 넣었다.

"왜 아무것도 안 나오지?"

"좀 기다려 봐."

잠시 뒤 텔레비전 화면에 어머니의 모습이 보였다.

"어, 엄마다."

어머니가 돌아가시기 두 달 전쯤 동네 사람들과 부부 동반으로 단풍놀이를 갔을 때의 모습이었다.

수희와 정희는 화면 속 어머니를 무거운 마음으로 지켜보았다.

수희는 혼잣말로 중얼거렸다.

"저 블라우스 내가 사줬는데……."

수희는 어머니가 여행을 떠나기 전날 밤 일이 생각났다.

"엄마, 선물."

"선물?"

"엄마, 내일 놀러 가잖아요. 한번 입어 봐요."

"그래, 알았어. 우리 막내가 사준 블라우스 입고 내일 놀러 가야겠다."

어머니는 블라우스를 입고 수희 앞에 섰다.

"어때? 괜찮니?"

"당연히 괜찮지. 누구 엄만데."

수희는 갑자기 눈물을 쏟았다. 화면 속 어머니의 표정 때문이었다. 동네 사람들은 연신 얼굴에 웃음이 가득한데 유독 어머니의 표정만은 어두웠다. 삼십여 분이 흐르는 동안, 화면 속 어머니는 단 한 순간도 웃질 않으셨다.

"얼마나 아팠으면 엄마가 그렇게 좋은 날 웃지도 않으셨을까."

수희와 정희는 송곳으로 찌르는 듯 가슴이 아팠다. 어머니는 이미 병이 깊었는데도 아픔을 참으며 하루하루 가족들을 위해 일을 한 것이었다.

"엄마, 미안해. 엄마, 정말 미안해."

수희와 정희는 컥컥, 하염없이 눈물을 토해냈다. 회사에 다닌다는 이유로 늘 집안일을 어머니에게 다 맡기고 농사일도 나 몰라라 했던 것이 후회가 됐다. 정말로 어머니에게 미안했다.

"아프면 아프다고 말하지 그랬어. 왜 그랬어."

수희는 화면 속 어머니에게 다가가 어머니의 얼굴을 어루만졌다.

수희와 정희의 울음소리를 듣고 아버지가 안방에서 나왔다.

무슨 일인가, 하고 문틈 사이로 수희의 방을 쳐다보았다. 텔레비전 화면 속에서 자신과 아내의 모습을 발견하였다.

아버지의 눈망울에서 굵은 눈물 한 방울이 툭, 떨어졌다.

"임자, 미안해. 마지막 여행인 줄도 모르고 좋은 날에 왜 웃지 않느냐고 구박해서 정말 미안해. 정말 미안해."

이 세상에 비난받아야 할 사랑이 있을까?

둘의 관계가 부적절하다면 비난받아 마땅하지만 그렇지 않고 자연스럽고 부끄러움 없는 사랑이라면 축복받아야 하는 게 당연한 일이다.

하지만 아직도 우리 주위엔 부적절한 사랑이 아님에도 불구하고 편견에 사로잡혀 그 사랑을 비난하고 비웃는 사람들이 있다.

"둘은 안 어울려."

"미쳤나 봐. 왜 저런 사람을 선택했지?"

축복은 못 해줄망정 왜 좋지 않은 시선으로 바라보는 걸까?

왜 사랑보다 편견이 앞서는 걸까? 아마도 두 사람의 진심보다 조건을 더 우선으로 생각하기 때문이 아닐는지.

"어서 오세요. 날이 많이 춥죠?"

"네. 붕어빵 네 개만 주세요."

"잠시만 기다리세요. 바로 해드릴게요."

"여기 붕어빵이 제일 맛있는 것 같아요."

"별말씀을요. 붕어빵은 누가 만들어도 다 맛있어요. 따듯할 때 먹으면 더 맛있고요."

　여대 앞에서 붕어빵 장사를 하는 총각이 있었다. 총각은 이른 아침
부터 늦은 밤까지 열심히 붕어빵을 구웠다. 고단한 일상이었지만 그래
도 여학생들이 붕어빵을 맛있게 먹는 걸 보면 피로가 다 가시곤 했다.

　그러던 어느 오후, 총각의 귀에서 보신각의 종처럼 큰 소리가 들렸
다. 예쁘고 참한 한 여대생을 보자마자 마음을 빼앗긴 것이다.

　"와, 정말 맛있겠다. 두 개만 주세요."

　총각은 그녀를 제대로 볼 수가 없었다. 너무나 눈부셨다.

　"아저씨, 왜 가만히 있으세요? 어서 만들어주세요."

　"……네. 그, 그래야죠."

　총각은 붕어빵을 만드는 내내, 심장이 콩닥콩닥 뛰고 손도 벌벌 떨
렸다. 사랑에 빠진 것이다.

　"붕어빵, 나왔습니다. 맛있게 드세요."

　"네."

　총각은 붕어빵을 먹는 그녀를 보며 잠깐 행복한 상상을 했다. 내가
저 여대생과 사귄다면 얼마나 좋을까. 그런데 그건 말 그대로 상상이
었다. 현실에서는 이루어질 수 없는…….

　'감히 어떻게 내가……. 초등학교도 제대로 나오지 못했는데. 더군
다나 번번한 직장이 있는 것도 아니고 노상에서 붕어빵이나 팔고 있
는데…… 감히 여대생이라니. 이건 말도 안 돼.'

　총각은 깊은 한숨을 내쉬었다. 지금까지 붕어빵 장사라는 직업을

부끄럽게 생각한 적이 없었는데 요즘은 그 직업이 정말 맘에 들지 않았다. 자신의 처지 때문에 그녀에게 다가가지 못하고 계속 속병을 키우고 있는 게 견디기 힘들었다.

며칠째, 그녀는 나타나지 않았다.

'오늘은 왜 붕어빵 먹으러 안 오지?'

그녀가 보이지 않는 날이면 일이 손에 잡히지 않을 정도로 어느새 총각의 삶에 그녀가 많은 부분을 차지하게 되었다.

그렇게 계절은 바뀌었고 그녀가 졸업을 할 시점이 되었다. 졸업하면 이제 영영 이별이라고 생각하자 총각은 안절부절못했다.

어느 저녁 무렵, 그녀가 나타났다. 총각은 다시 또 심장이 콩닥콩닥 뛰었다. 용기를 내기로 했다.

"이제 곧 졸업하시죠?"

"네. 고향으로 내려가려고요."

"저…… 저…… 그러니까……."

"무슨 하실 말 있으세요?"

총각은 두 주먹을 불끈 쥐며 입을 열었다.

"제가 나중에 전국으로 자전거 여행을 가려고 합니다. 그때 한번 들를 테니 주소 좀 알려주세요."

가까스로 그녀의 고향집 주소를 얻었고 총각은 정말로 그녀의 고향집을 찾아갔다. 그리고 총각은 가슴속으로 키워왔던 마음을 그녀에게 전했다. 갑작스러운 고백에 그녀는 당황했고 혼란스러웠다. 하지만 진심은 통하는 법. 그녀는 총각의 진실한 마음을 읽었고 그렇게 해서 둘은 연인 사이가 되었다. 그리고 결혼까지도 약속하기에 이르렀다.

그런데 둘의 앞길은 그다지 순탄하지 않았다.

첫째, 그녀 부모님의 반대였다. 부모님에겐 그녀의 선택이 일종의 배신 같은 행위였다. 그럼에도 그녀는 끝까지 자신의 선택을 밀고 나갔다.

"제가 사랑하는 사람이에요. 직업이 뭐가 중요해요. 사람이 중요하잖아요."

부모님의 반대로 어쩔 수 없이 그 둘은 성당에서 친구 몇 명만 초대해서 조촐하게 결혼식을 올렸다.

그런데 그 이후로 그 둘에게 더 큰 시련이 찾아왔다.

붕어빵 장수와 여대생과의 결혼 소식이 퍼지자, 그 학교 여대생들은 난리가 났다.

"이건 여대생을 무시하는 처사이며 학교의 자존심을 깎아내린 일이야."

몇몇 여대생이 붕어빵 불매 운동을 하고 나선 것이다.

불매 운동의 여파는 총각의 생계 전선에 큰 타격을 주었다. 날이 갈수록 붕어빵 매출은 떨어졌고 끝내 생활고까지 겪게 되었다. 생활고를 이겨내기 위해 그녀는 과외를 하며 생활을 이어나갔다.

그 이후, 그 둘의 삶을 자세히 알 순 없다. 바람결을 타고 온 소문에 의하면 그 여대 앞을 벗어나 다른 지역에서 함께 음식집을 운영한다고 한다.

사랑이 아름다운 건 '때문에'가 아니라 '그럼에도 불구하고'가 아닐까. 여전히 길거리에서 붕어빵을 파는 장사가 있다. 오늘 한 봉지 사서 소중한 이와 함께 나눠 먹는 건 어떨까. 붕어빵 안에 붕어는 들어 있지 않지만 그 안엔 분명 사랑이 있을 테니까.

특별한 이름

"최 작가님, 이번 주 토요일 시간 어떠세요?"

최 작가에게 전화 한 통이 왔다. 전화를 건 사람은 출판사 대표였다. 13일 토요일에 사인회를 개최하려고 하는데 시간이 되느냐는 것이다.

"예. 괜찮습니다. 그런데 어디서 하는 거죠?"

경기도의 한 지역에서 북 페스티벌이 열리는데 출판사가 참여하게 되었고 최 작가의 동화책 홍보도 할 겸 사인회 행사를 한다는 거다.

흔쾌히 허락을 한 최 작가는 당일 날 북 페스티벌이 열리는 장소를 찾아갔다.

작은 도시의 행사라 사람이 많이 오지 않을 거라 생각했는데 예상과는 달리 사람들이 북적거렸다. 연인끼리, 친구끼리 그리고 가족 단위로도 많이들 찾아왔다.

"최 작가님, 어서 오세요. 장소가 협소합니다. 불편하시겠지만 여기 앉으세요. 책 구매하신 분께 사인을 해주시면 됩니다."

출판사 대표가 최 작가를 반갑게 맞이했다.

"몇 명쯤 올까요? 많이들 올까요?"

"예. 많이 올 겁니다. 현장 구매도 꽤 있을 것이고 그리고 이벤트로 무료로 나가는 책도 있고 사인하느라 손목 좀 아프실 겁니다."

최 작가는 속으로 생각했다. 설마 손목이 아플까. 손목이 아파도 좋으니 썰렁하지 않았으면 좋겠네. 그런데 웬걸. 책을 구매한 사람들이 사인을 받기 위해 길게 줄을 섰다. 본격적으로 사인을 시작했다.

"성함이 어떻게 되시죠?"

"진은규입니다."

펜을 들고 책 첫 장을 열었다. 그런데 순간, 최 작가는 머리가 하얘졌다. 막상 사인을 하려고 하니 무슨 문구를 써줘야 할지 고민이 되었다. 오는 길에 문구 몇 개를 생각해 오긴 했지만 너무나 일반적인 문구라 혹여 독자가 성의 없다고 할까 봐 쉽사리 펜을 휘갈길 수 없었다.

최 작가는 펜을 만지작거리며 재빨리 머리를 이리저리 굴렸다. 그러다 문득, 삼행시가 떠올랐다.

'그래, 이름으로 삼행시를 지어 적어주자. 뻔한 사인보다는 훨씬 의미가 있을 거야.'

"진은규 님이라고 하셨죠?"

"예. 작가님."

펜에 마음을 담아 슥슥 쓰기 시작했다.

진한 향수보다도

은은한 사람 냄새가 좋아요 당신은 뭐라

규정할 수 없는 좋은 향을 갖고 있어요

독자가 책에 적힌 문구를 보더니 함박 미소를 보였다.

"어머나, 정말 멋진 문구네요. 정말로 고맙습니다."

삼행시가 맘에 쏙 들었던 모양이다. 두 번째 독자 역시 삼행시와 함께 사인을 해서 줬다. 역시나 무척 행복해했다. 세 번째 독자도 같은 방법으로 사인을 해주었다. 그런데 열 번째가 넘어가니까 슬슬 밑천이 바닥을 드러내기 시작했다. 이름으로 삼행시를 짓는 것, 더군다나 즉석해서 지어야 한다는 게 만만치가 않았다. 연이어 '김'씨 성을 가진 사람이면 더더욱 힘들었다. 시간이 지날수록 입술이 바짝바짝 마르고 이마엔 땀방울이 송송 맺혔다.

'이 일을 어떡하지?'

그렇다고 작가 체면에 아무렇게나 지을 수도 없고. 더 큰 문제는 사인을 받으려고 선 줄이 줄지 않고 점점 더 늘어난다는 거였다. 괜히 삼행시를 적어줬나? 그냥 '행복하세요' 정도로 적고 서명만 할 걸 괜히 특별한 의미를 주겠다고 일을 크게 만들었나. 여하튼 계속해서 삼행시를 지을 수밖에 없었다. 앞사람은 이름 삼행시를 지어주고 뒷사람에겐 그냥 '행복하세요'라고만 적으면 뒷사람이 기분 나빠 할 게 뻔했다.

최 작가는 그렇게 한 시간 넘게 꼼짝도 못 한 채 사인을 했다. 자리가 불편해 허리도 아팠고 펜을 놓을 틈도 없어 손목도 아팠지만 가장 큰 고통은 삼행시를 짓기 위해 생각을 짜내는 거였다. 머리가 지끈거렸다.

오후 세 시가 넘어서야 기나긴 여정을 마칠 수 있었다. 몸도 마음도 머리도 다 지치고 말았다. 글 한 편을 쓰는 것보다 훨씬 더 어려운 일이었다.

최 작가가 사인회를 마치고 지하철을 타기 위해 뚜벅뚜벅 역으로 걸어가는데 누군가가 다가오더니 꾸벅 인사를 했다. 좀 전에 사인을 받은 독자였다.

"작가님, 정말로 이름 삼행시 고마워요."

"아, 아닙니다."

"여태 살면서 저는 제 이름이 참 맘에 들지 않았거든요. 예쁜 이름도 많은데 왜 부모님은 이런 이름을 지었을까 참 밉기도 했는데 작가님 덕분에 제 이름이 좋아졌어요. 뭔가 특별해진 느낌이랄까. 정말 고맙습니다."

"별말씀을요. 잠시 책 좀 봐도 될까요?"

과연 내가 뭐라고 이름 삼행시를 지었는지 궁금해 책을 펼쳐보았다.

하늘로 올라간 안개꽃이

구름으로 변해 비가 되어 내려왔네

지금 바로 내 앞에 있네 당신입니다

다시 보니 멋진 삼행시였습니다.

"좋은 이름이세요."

"저도 그렇게 생각해요."

독자는 환하게 미소 지으며 어디론가 사라졌다.

세상을 살면서 가장 많이 불리는 이름 석 자. 그래서 흔하기도 하고 별 중요치도 않은 그 가치. 그런데 그 흔하고 평범한 이름에 의미를 부여하고 관심을 쏟아주면 그 이름은 순식간에 반짝반짝 빛나는 꽃이 된다는 사실.

진은규

김민주

김효성

이주희

박성주

……

……

……

하구지

오늘 이 수많은 이름이 최 작가의 머리를 쥐나게 했지만 그래도 아주 뜻 깊은 깨달음을 주었다. 아주 특별한 하루였다.

참 좋은 사람

　오전 출근길 지하철은 콩나물시루처럼 사람들로 가득하다. 오후가 되어서야 비로소 좀 한가해졌다. 의자에 앉아 책을 보는 사람이 있는가 하면 한강철교를 지날 때 창밖을 보며 낭만을 즐기는 사람도 있었다. 그런데 갑자기 그 평온한 시간이 깨졌다. 난리가 난 것이다. 초등학생으로 보이는 아이가 갑자기 청년에게 달려들더니 다짜고짜 마구 욕을 쏟아내기 시작했다. 청년은 놀란 토끼눈을 하더니 뒤로 물러났다. 그런데 아이는 아랑곳하지 않고 계속 욕을 해댔다. 청년은 아이를 밀쳐내며 말했다.

　"너 왜 그래? 미쳤어?"

　아이는 다시 또 막무가내 욕을 해댔다. 그러더니 청년을 밀쳤다.

　"너 한번 혼나볼래!"

　청년이 반격에 나섰다. 양손을 뻗어 아이의 가슴을 세게 밀었다. 아이는 뒤로 꽝 하고 자빠졌다. 아이의 얼굴엔 분노로 가득 찼다. 아이는 입꼬리를 올리며 다시 또 연신 욕을 쏟아냈다.

　그때 아이의 엄마로 보이는 여자가 나타나더니 아이를 제지하려고 양팔을 붙잡았다.

"민수야, 그만해! 너 왜 그래! 그만해!"

엄마는 고개를 돌려 청년에게 말했다.

"미안해요. 정말로 미안해요. 제 아이가 좀 아파서 그래요. 용서하세요. 많이 놀라셨죠?"

청년은 짧은 한숨과 함께 작은 목소리로 '미친놈'을 내뱉으며 다른 칸으로 사라졌다. 이걸 지켜보고 있던 사람들도 슬슬 눈치를 보며 하나둘씩 흩어졌다. 괜히 같은 공간에 있다가 봉변을 당할지도 모르기 때문이다. 한편, 아이의 분노는 아직도 가라앉지 않았다. 아이는 엄마의 손을 벗어나려고 몸을 마구 흔들어대며 씩씩거렸다.

"놔! 놔! 놔!"

지하철은 다음 역에 도착했고 몇몇 사람들이 그 칸에 탔다.

아이가 소리를 치자 사람들은 무슨 일인가 하고 지켜봤다. 엄마는 힘이 점점 빠졌다. 아이가 더 어렸을 때는 엄마가 힘으로 제압을 했는데 이제는 아이도 많이 커 쉽게 제압을 할 수 없었다. 이 일을 어떻게 해결해야 할지 엄마는 참으로 난감했다.

"민수야, 제발 좀. 엄마 말 듣자. 진정 좀 해."

"놔! 놔! 놔!"

급기야 아이가 엄마에게 욕을 하기 시작했다. 사람들은 구경만 할 뿐 어쩔 줄 몰라 했다. 그때 한 남자가 엄마 쪽으로 다가왔다.

"어머니, 잠깐만요. 제가 할게요."

남자는 엄마 대신 아이의 팔을 잡았다.

"아저씨, 너무 세게 잡지 마세요. 우리 아이 아파요."

"걱정 마세요. 제가 알아서 할게요."

아이는 낯선 사람의 출현에 약간 당황한 듯했으나 이내 몸을 흔들어대며 또 욕을 퍼붓기 시작했다. 남자는 지그시 눈을 감은 채 아이가 퍼붓는 욕을 다 받아들였다. 급기야 아이는 남자를 발로 걷어찼다. 엄마는 눈물을 흘리며 어쩔 줄 몰라 했다.

"죄송해요. 정말 죄송해요."

"어머니, 괜찮습니다. 전 괜찮습니다."

이제 멈출 법도 한데 아이의 저항은 더 심해졌다. 심지어 남자에게 침까지 뱉었다. 그런데도 남자는 아무렇지도 않은 듯 묵묵히 봉변을 견뎌냈다.

"욕도 하고 싶은 만큼 하고 때리고 싶으면 맘껏 때려. 네 맘 풀릴 때까지. 아저씨는 괜찮으니까."

그렇게 몇 분가량 남자와 아이의 실랑이는 계속되었다. 엄마는 발을 동동 구르며 괴로워했다.

잠시 후, 아이의 흥분이 점점 가라앉았다. 아이는 언제 그랬냐는 듯 씨익 웃으며 남자를 바라보았다. 땀을 뻘뻘 흘린 남자도 아이를 보며 미소를 보였다. 그리고 아이를 붙들고 있던 손을 서서히 놓았다.

"이제 다 했니?"

"어, 우리 언제 내려? 다음 다음이다. 삐삐삐. 지하철이다."

아이는 천진난만한 표정을 지으며 즐거워했다.

엄마는 남자에게 연신 고개를 숙여 '죄송합니다, 고맙습니다'를 수십 번 반복했다.

"아닙니다. 괜찮습니다."

"정말로 죄송합니다."

"저도 잘 압니다. 제 아이도 그런걸요. 아이가 뭔가 못마땅했는지 화가 많이 난 모양이에요. 화를 풀고 가야지 그렇지 않으면 분명 다른 사람에게 해코지를 했을 겁니다. 전 이만 가보겠습니다."

"정말로 감사합니다."

지하철이 멈추고 그 남자는 내렸다. 엄마는 남자가 계단으로 사라질 때까지 남자의 뒷모습을 바라보았다. 그때 아이가 엄마를 툭툭 건드리며 말했다.

"엄마, 저 아저씨 누구야?"

"그냥 아저씨야. 나도 잘 몰라."

"왜 몰라. 저 아저씨는 참 좋은 사람이야. 참 좋은 아저씨."

"그래, 참 좋은 사람이야."

지하철은 문이 닫히고 이내 출발했다.

"도대체 무슨 일이야?"

"꼬맹이가 뭘 훔쳤나 봐요."

"혼나야지. 경찰서에 가야지."

"그러니까요. 세 살 버릇 여든까지 간다잖아요."

"그렇지. 못된 습관은 어릴 때 뿌리 뽑아야지."

시장 한복판에 사람들이 우르르 모였다.

약국 아저씨가 찬수의 멱살을 잡고 마구 흔들어댔다.

"이 도둑놈아, 돈을 내고 가야지 그냥 도망가면 어떻게 해! 내가 못 잡을 줄 알았어!"

찬수는 고개를 푹 숙인 채 아무 말도 못 했다.

"이리 내놔. 돈을 내지 않으면 이 약을 가져갈 수 없어. 어서 줘."

약국 아저씨는 찬수에게서 약을 빼앗으려고 했다. 그런데 찬수는 한사코 약을 쥔 손을 펴지 않았다.

"허, 요놈 보게. 이 어린것이 끝까지 버티네. 어서 주라니까!"

약국 아저씨가 찬수의 머리통을 주먹으로 퉁 쳤다.

그래도 찬수는 끝까지 손을 펴지 않았다.

그러자 약국 아저씨가 주먹을 불끈 쥐었다. 그 큰 주먹으로 금방이라도 찬수의 얼굴을 때릴 기세였다.

이 광경을 지켜보던 국숫집 아줌마가 약국 아저씨를 말렸다.

"아저씨, 그만해요. 이 어린 게 때릴 데가 어디 있다고."

"요놈은 주먹맛을 좀 봐야 합니다. 아주머니, 지금 도둑 편 드는 겁니까?"

"그게 아니라 뭔 사연이 있겠죠. 이 어린애가 먹을 것을 훔친 것도 아니고 뭐 하러 약을 훔치겠어요."

국숫집 아줌마가 다정한 말투로 찬수에게 물었다.

"아가, 누가 아프니?"

"……."

"괜찮아. 왜 약값 안 내고 도망친 거야? 누가 아픈 거야?"

"……엄마가 아파요."

"아, 그렇구나. 이 아줌마가 대신 약값 내줄 테니까 걱정 마."

국숫집 아줌마는 찬수 대신 약값을 지불했다. 그리고 국숫집 아줌마는 찬수를 데리고 국숫집으로 갔다.

"엄마, 어디 갔다 온 거야?"

국숫집엔 찬수 또래로 보이는 아줌마의 딸이 있었다.

"일이 좀 있어서 나갔다 왔어."

이어 아줌마는 찬수에게 말했다.

"국수 한 그릇, 말아줄까?"

"……."

"괜찮아. 잠시만 기다려."

찬수가 난처한 표정으로 서 있자, 딸이 손을 내밀었다.

"여기 앉아서 기다려."

잠시 후, 국수가 나왔고 찬수는 오랜만에 국수를 맛있게 먹었다.

찬수가 이제 집에 가려고 일어나자, 딸이 엄마에게 말했다.

"엄마, 국수 포장해서 주면 좋겠다. 집에서 또 먹고 싶을 수도 있잖아."

"그래, 알았다. 우리 딸."

아줌마는 부지런히 국수를 만들어 찬수에게 건넸다.

"엄마가 아프다고 했지? 이거 갖다 드리렴."

"감사합니다."

그 후, 삼십 년이란 세월이 흘렀다. 시장은 예나 지금이나 사람들로 분주했다. 국숫집 아줌마도 국수 삶는 일로 하루 일과를 시작했다. 그런데 오후에 뜻하지 않은 불행이 찾아왔다. 국수를 삶다가 갑자기 뒤로 넘어졌다. 뇌출혈로 쓰러진 것이다.

아줌마는 병원에 입원을 했고 긴급 수술을 받았다. 다행히 목숨을 구하긴 했지만 완치를 하려면 몇 달간은 꼼짝없이 치료를 받아야 했다.

몇 달이 지나고 아줌마는 어느 정도 회복을 할 수 있었다. 그런데 딸은 걱정이 이만저만이 아니었다. 병원비가 엄청 나왔기 때문이다. 국숫집도 내놓고 여기저기에서 돈을 끌어 모았지만 병원비를 채우기엔 턱없이 부족했다.

'어떡하지? 큰일이네.'

그런데 며칠 후, 기적과도 같은 일이 일어났다. 병원비 명세서를 들여다봤는데 지불할 병원비가 0원이었다. 누군가가 대신 병원비를 지불한 것이다. 딸이 어찌 된 일인지 수납 창구에 알아보니 외과의사 선생님이 병원비를 해결했다는 것이다. 알고 보니 그 의사 선생님은 바로 약을 훔쳤던 아이였다. 사랑은 돌고 돌아 결국 내가 베푼 사랑은 다시 나에게 오는 법이다.

"정말로 감사합니다, 선생님."

"아닙니다. 그때 베풀어주신 사랑에 비하면 아무것도 아닙니다."

선생님과 딸은 환하게 미소 지으며 연신 고개를 숙였다.

지하철 반지

"영숙아, 너는 이제까지 받아본 선물 중에서 가장 기억에 남는 게 뭐야?"

"여보가 준 거 중에서?"

"아니. 이제까지 받은 선물들 중에서. 물론 내 것도 포함해서."

"여보가 나한테 준 게 다 별로인데?"

영숙의 말에 덕수는 얼굴이 붉어졌다. 덕수의 얼굴이 붉어진 이유는 사실 영숙에게 반반한 선물을 해준 적이 없었기 때문이다. 결혼 생활 삼 년 차이지만 아직도 반지하 방을 벗어나지 못하는 형편이다. 덕수는 괜한 질문을 했나 싶어 후회가 밀려왔다.

"여보, 난 이제까지 받은 선물 중에 가장 기억에 남는 건 반지야. 지하철 반지."

"……지하철 반지?"

영숙의 지하철 반지라는 대답에 덕수는 더더욱 얼굴이 붉어졌다. 지하철 반지만 생각하면 괜스레 영숙에게 미안했기 때문이다.

몇 년 전의 일이다.

웩웩. 영숙은 헛구역질을 했다. 그러다 구토도 했다. 그런 증상이 나타난 원인은 영숙의 언니로부터 시작되었다.

근래에 영숙은 임신한 언니 집에 갔다. 그런데 언니는 입덧 때문에 너무나 고생이 심했다.

"언니, 괜찮아?"

"죽겠어."

"며칠째 아무것도 못 먹었잖아. 물이라도 줄까?"

"물만 먹어도 구토를 하잖아."

"그래도 뭐라도 먹어야지. 세상에 이렇게 입덧이 심한 사람은 없을 거야."

"나도 뭐든 먹고 싶어. 그런데 속에서 안 받는 걸 어떻게 하니."

영숙은 옆에서 언니를 챙겨주면서 그렇게 일주일을 보냈다.

"언니, 나 집에 다녀올게. 나도 남편 챙겨야지."

"그래, 알았어. 나 때문에 너도 고생이고 네 남편도 고생이다. 어서 가봐. 고마웠어."

"고맙긴. 그나저나 얼른 입덧이 끝나야 하는데. 언니, 잘 지내고."

영숙은 일주일 만에 집으로 돌아와 그대로 침대에 쓰러졌다. 일주일 내내 언니 돌보는 데 기운을 다 써서 그런지 아무런 힘이 없었다.

저녁이 되어서야 영숙은 눈을 떴다. 남편 덕수가 영숙 옆으로 다가와 물었다.

"고생했어. 그런데 언니는 괜찮아?"

"아니. 먹기만 하면 '으웩' 하고 먹은 거 다 확인해. 그나마 과일은 괜

찾아서 과일로 목숨을 이어가고 있어."

"입덧이 빨리 끝나야 할 텐데."

"그러게 말이야."

그런데 문제가 터지고 말았다. 으웩~. 영숙이 갑자기 헛구역질을 했다.

"왜 그래? 갑자기……."

영숙이 고통스러운지 눈물을 주르르 흘렸다. 영숙은 손바닥으로 입을 가리고 다른 손으로 손짓했다.

"뭐? ……아, 물. 그래 물 줄게."

덕수는 서둘러 물을 챙겨 영숙에게 줬다.

물을 마신 영숙은 가까스로 진정됐다. 그런데 시간이 지나자 다시 헛구역질을 해댔다.

'혹시, 입덧이 전염된 거 아닐까?'

영숙은 다음 날에도 헛구역질을 했다. 마치 임신을 한 것처럼. 다음 날에도 헛구역질은 멈추지 않았다. 밥 냄새만 맡아도 헛구역질을 해대고 구토를 했다.

"얼굴 저리 비켜. 비키란 말이야!"

심지어 영숙은 덕수의 얼굴만 쳐다봐도 모든 음식을 게워냈다.

"내 얼굴이 그렇게 거북스러워?"

"지금 농담할 기분 아니야. 어서 사라지라니까."

밖으로 나온 덕수는 영숙의 입덧을 멎게 할 방법이 뭐가 있을까 생각했다.

"그래, 선물이야."

마음을 담은 선물을 하면 분명 영숙의 입덧을 잠재울 거라 생각했다. 하지만 덕수의 지갑은 요즘 들어 얇아졌다. 회사 사정이 좋지 않았기 때문이다.

'어떤 선물이 영숙의 구역질을 멎게 할까?'

덕수는 영숙에게 줄 선물을 곰곰이 생각하며 지하철을 탔다.

여느 때와 달리 지하철 안은 시끄러웠다. 잡상인이 무언가를 팔기 위해 떠들어댔기 때문이다.

잡상인의 손에 들린 건 바로 '반지'였다. 반짝반짝 참 예뻤다. 그리고 케이스도 있었다.

"승객 여러분, 잠시 여기를 주목해 주십시오. 제가 금은방 경력만 삼십 년입니다. 그런데 가게가 망하는 바람에 이 자리에 나오게 되었습니다. 24K입니다. 전 속이지 않습니다. 삼십 년 경력의 명예를 걸고 말합니다."

잡상인의 언변은 참으로 놀라웠다. 입에 따발총을 단 것처럼 말의 속도가 빨랐다. 그리고 발음 또한 정확했다. 신뢰감이 팍팍 느껴졌다. 여하튼 결론은 반지가 단돈 만 원이라는 것이다. 24K인데 가격이 만 원일 리는 없다. 하지만 얼핏 보기엔 정말로 비싼 반지처럼 보였다. 덕수는 이거다 싶었다.

"여기요."

덕수는 손을 번쩍 들었다. 그러자 다른 승객들의 시선이 다들 덕수에게 쏠렸다. 순간, 덕수의 낯빛이 붉어졌다.

'저런 싸구려를 사서 누굴 주려고. 참 누군지는 몰라도 안됐다.'

사람들이 이런 표정으로 덕수를 보는 듯했다. 그래도 덕수는 태연한 척 그 반지를 샀다.

영숙의 안색은 여전히 좋지 않았다. 하루 종일 한 끼도 못 먹고 그녀의 언니처럼 과일만 겨우 먹었다.

"자, 받아."

"이게 뭔데?"

덕수는 반지를 영숙에게 내밀었다.

"어? 반지다."

"손 좀 내밀어 봐. 손가락을 펴야지."

덕수는 영숙의 손가락에 반지를 끼워주었다.

"와, 정말 예쁘다. 어디서 샀어?"

"그, 그, 그야 금은방이지. 삼십 년 경력을 가진 주인한테 샀어."

"비싸지 않아?"

"좀 무리했지. 요즘 금값이 장난이 아니더라."

영숙은 반지를 받고 기분이 좋아졌는지 활짝 핀 목련처럼 방긋방긋 미소 지었다.

"나 밥 먹을래!"

"괜찮겠어?"

"먹어보려고."

"와, 순식간에 바뀔 수가 있어?"

"나도 몰라."

신기하게도 영숙의 구토는 사라졌다. 선물의 위력이 이렇게 대단하다니, 덕수는 새삼 놀랐다.

문제는 정확히 일주일 후에 터지고 말았다.

그 반지가 서서히 변색되었다. 금색 도금한 것이 지워지고 조금씩 검게 변하더니 끝내는 녹이 스는 것이었다. 영숙은 반지를 보며 고개를 갸웃거렸다. 왜 그러지? 이럴 리가 없는데. 뭔가 이상했다.

"여보, 이리 좀 와봐. 이 반지 어디서 샀어?"

"삼십 년 경력 금은방."

"정말이야? 그런데 왜 그래?"

덕수는 침을 꿀꺽 삼켰다.

"솔직히 말해."

결국 덕수는 모든 것을 사실대로 털어놨다. 영숙은 어이가 없는지 계속 웃기만 했다. 덕수는 머리를 긁적거리며 궁색한 변명을 늘어놓았다.

"반지는 변했지만 내 마음은 여전해. 그러니 용서해 줘라. 응?"

영숙은 남편에 대해 서운한 마음이 들기도 했지만 그렇다고 뭐라고 따질 순 없었다. 형편이 어려워 어쩔 수 없이 지하철 반지를 산 남편의 심정은 오죽했겠는가.

"여보, 난 괜찮아. 당신의 마음은 도금이 아니라 99% 순마음이잖아. 그렇지?"

"응. 다음엔 정말로 금반지 해줄게."

"고마워."

영숙과 덕수는 서로를 바라보며 환한 미소를 보였다.

"이번 주도 못 가겠어."

"왜? 무슨 일 있어?"

"아니. 그냥 좀 피곤해서."

"어? 피곤하다고?"

"응."

"……그럼 쉬어야지."

"이해하지?"

"이해해."

미순은 이해한다고 말했지만 사실 기분이 좀 상했다.

TV 리모컨을 집어 채널을 이리저리 돌렸다.

"매일 재방송만 해!"

미순은 태연한 척을 하려 했지만 자꾸만 속이 상했다.

진호가 예전 같지 않다는 느낌이 들어서다. 그래도 예전에는 못 내려오면 온갖 변명을 다 갖다 붙이며 미안하다고 했다.

"미안해. 일이 바빠서 주말에 나가봐야 해."

"국장님 어머님께서 돌아가셨어. 그래서 일요일에 가봐야 해."

"거래처 사람이 결혼을 하는데 안 갈 수도 없고 어떡하지?"

그 말들이 다 변명이고 거짓말이라는 걸 알면서도 미순은 모르는 척 속아줬다. 그런데 이제는 그런 변명조차 하지 않는다.

'뭐? 피곤하다고? 체!'

미순은 언짢은 듯 오른쪽 입꼬리를 올리며 구시렁댔다.

서울에서 전주. 넉넉잡아 네 시간이면 충분하다. 아니, 고속도로 사정이 좋다면 두 시간 삼십 분에도 돌파할 수 있다. 그런데 피곤하다는 이유로 오지 않는 건 너무하다. 물론 운전을 한다는 게 피곤한 일이긴 하다. 그렇다고 해도 너무한다. 아무리 힘들어도, 아무리 바빠도 예전에는 일주일에 한 번씩은 꼭 전주에 내려왔다. 그랬던 진호였다.

"진호야, 피곤하지 않아?"

"괜찮아. 피곤하긴 뭐가 피곤해. 그리고 아무리 피곤해도 네 얼굴 보면 금세 싹 풀려."

"며칠 후면 경쟁 프레젠테이션이라 정신없다고 했잖아. 그런데 어떻게 온 거야?"

"그래서 온 거야. 너 보고 힘 좀 받으려고. 넌 나의 비타민이야."

"정말 그래? 거짓말이라도 기분은 좋다."

"거짓말 아니야. 나 거짓말할 줄 몰라."

미순은 진호의 얼굴을 보며 '이 사람을 만나기 위해서 그동안 참으로 많은 방황을 했구나' 생각했다.

누구나 연애 초기에 그러하듯 미순과 진호도 참으로 유치하기 짝이 없었다. 그 유치함은 전화 통화에서 극에 달했다.

"내가 며칠 동안 끙끙거리며 지은 시가 있는데 한번 들어볼래?"

"좋아. 그런데 그 시, 누구 생각하며 지은 거야?"

"당연히 미순 너지. 읽어줄까, 말까?"

"읽어주지 마."

미순의 뜻밖의 대답에 진호는 어리둥절했다.

"왜? 듣기 싫어?"

"아니. 감동 먹어서 심장이 멎으면 어떻게 해? 나 오래 살아야 한단 말이야."

미순의 대답에 진호는 마구 웃었다. 진호도 뒤질세라 유치한 멘트를 날렸다.

"네 심장이 멎어도 괜찮아. 내 심장이 있잖아. 하나의 심장으로 둘이 같이 살면 되지 뭐."

"아우, 닭살."

"뭐 이 정도 가지고 그래. 이제 눈 감아봐. 내가 시 들려줄게."

으음. 진호는 목청을 가다듬었다. 그리고 수화기를 마이크 삼아 시낭송을 시작했다.

그대가 없으면 나도 없습니다

왜 그대인지
왜 그대여야만 하는지

이 세상 사람들이 허락하지 않는다 해도

그대여야만 하는 이유가 내겐 있습니다

한 순간, 한 호흡 사이에도,

언제나 그대가 있기 때문입니다

허공의 옆구리에 걸린

잎사귀 하나가

수백 번 몸 뒤척이는 그 순간에도

아침 햇살의 이른 방문에

부산을 떨며 떠나는 하루살이의 뒷모습에도

저미는 내 가슴을 뚫고 자라나는

선인장의 가시 끝자락에도

그대가 오도카니 자리 잡고 있기 때문입니다

거대한 운명 같은 그대여

죽어서도, 다시 살아도

지울 수 없는 사람아

그대가 없으면 나도 없습니다

"와, 좋다. 정말로 심장이 멎을 것 같아. 완전 감동 먹었어."

진호는 한 박자 쉬더니 낮은 목소리로 말했다.

"보고 싶다."

"나도."

그렇게 미순과 진호는 전화선을 타고 사랑을 키워갔고 사랑을 지켜갔다. 수화기를 베개 삼아 잠들었던 날이 한두 번이 아니었다.

연애 초기에는 일주일에 한 번씩은 어김없이 만났다. 그리고 그것도 모자라 진호는 휴가를 내고 당일치기로 서울에서 전주를 다녀가기도 했다. 그런데 시간이 지남에 따라 그 횟수는 점점 뜸해졌다.

삼 개월이 좀 지나니까 이 주 만에 한 번 오고 일 년이 지나니까 한 달에 한 번 올까 말까 하다가 급기야 두 달 넘게 오지 않는 적도 있었다. 물론 전화 통화도 예전 같지 않았다.

'Out of sight, out of mind. 그래, 눈에서 멀어지면 마음에서도 멀어지는 법이야. 요즘은 사랑한다는 말을 통 들어본 적이 없잖아.'

미순은 이 시점에서 진호의 사랑을 꼭 확인하고 싶어졌다.

며칠 후, 진호는 일을 마치고 밤늦게 회사 기숙사에 들어왔다. 그리고 미순에게 전화를 걸었다.

"여보세요. 나야, 지금 뭐 하……."

그런데 수화기에서 이상한 소리가 들렸다.

"전화하지 말라니까! 도대체 왜 그래! 좀 그만해! 이미 끝났잖아! 이제 그만 좀 날 놔주란 말이야!"

진호는 깜짝 놀랐다. 분명 미순의 목소리였다.

"여보세요. 여보세요. 나야 나. 미순아, 나 진호라니까."

뚜뚜뚜뚜.

"여보세요. 여보세요."

이미 전화는 끊긴 상태였다. 진호는 다급한 마음으로 미순에게 다시 전화를 걸었다.

뚜뚜뚜뚜.

전화는 연결이 되지 않았다. 아마도 미순이 전화기를 꺼놓은 듯했다.

순간, 진호의 가슴이 답답해졌다. 수십 톤, 아니 수백 톤의 바위가 가슴을 짓누르는 듯했다.

"아니, 도대체 어떤 놈이야! 이런 이제까지 양다리였어!"

으악.

진호는 괴성을 지르며 주먹으로 벽을 쳤다. 그래도 분이 가시지 않았다. 벽이 뚫어지나 주먹이 깨지나 끝장을 보려는 듯했다. 결국 주먹이 깨졌다. 벽에 피가 묻었다.

진호는 도저히 이대로 잠을 이룰 수 없었다.

"그래, 가봐야겠어!"

밖으로 뛰쳐나온 진호는 택시를 잡아탔다.

"어디 가십니까?"

"전주요."

"예? 어디요?"

"전주요. 비빔밥으로 유명한 곳 있잖아요."

"아, 예, 그런데 서울에서 전주까지 가격이 좀 나올 텐데요."

"일단 가주세요."

늦은 시간이라 고속도로는 한가했다.

자정이 지나고 새벽 한 시가 넘어서야 전주 초입인 '호남제일문'이 보였다.

"어디로 가야죠?"

"좌회전해 주세요. ……여기서 우회전요. ……다시 좌회전요. ……직진요. ……우회전요."

택시는 점점 미순의 집에 가까워 갔다.

"여기서 세워주세요."

진호는 택시에서 내리자마자 미순이 사는 사 층까지 단숨에 올라갔다.

진호는 초인종을 눌렀다.

"누구세요?"

눈을 비비며 부스스한 얼굴로 미순이 나왔다.

"어? 진호야……."

미순은 두 눈이 휘둥그레졌다.

"어, 어, 어떻게 된 일이야?"

"너 좀 나와!"

"조용히 해. 아버지 깨시겠어."

"지금 그게 문제야. 어서 나와! 너 누구랑 통화했어? 아까 누구랑 통화했냐고!"

미순과 진호는 놀이터 나무의자에 나란히 앉았다. 미순은 새침한 표정으로 진호를 쳐다보았다. 꿀꺽. 진호는 입안에 고인 침을 삼킨 뒤 덜덜덜 떨리는 목소리로 말을 이어갔다.

"도, 도대체 어떤 놈이야. 속일 생각 하지 마. 아까 어떻게 된 거야? 너한테 전화한 놈, 그놈이 어떤 놈이야? 어서 말해! 어서 말하라니까."

그런데 갑자기 미순이 웃기 시작했다.

"지금 넌 웃음이 나와?"

그러나 미순은 계속해서 웃었다. 그러더니 이번에는 갑자기 한줄기 눈물을 흘렸다.

"너 운다고 내가 용서할 줄 알아? 도대체 어떤 놈이냐구!"

그 순간, 미순은 와락 진호를 껴안았다.

"고마워. 진호. 이렇게 와줘서."

진호는 미순을 밀어내려고 몸을 비틀었지만 어찌나 미순이 세게 껴안았던지 빠져나올 수가 없었다. 미순은 나지막한 목소리로 말했다.

"사실은 작전이었어."

"작전?"

"그래, 네가 나한테 소홀한 것 같아서 한번 시험해 본 거야. 그런데 정말 이렇게까지 올 줄 몰랐는데……."

"정말이야? 그놈이랑 아무런 문제 없어?"

"그놈은 원래부터 없어. 진호, 네가 전화할 줄 알고 그렇게 한 거야."

"저, 정말이지?"

"그렇다니까."

진호는 그제야 비로소 안도의 한숨을 내쉬었다.

"시험해 볼 걸 해야지. 이런 걸 하면 어떻게 해?"

"그러니까 평소에 좀 잘하지 그랬어. ……어? 그런데 손은 왜 그래? 어머, 피잖아."

"아, 이거. 회사 계단에서 넘어졌어."

"조심 좀 하지 그랬어. 그나저나 이렇게 야심한 밤에 어떻게 왔어?"

"어떻게 오긴 어떻게 와. 택시 타고 왔지."

"미쳤어. 미쳤어. 여기가 어디라고 택시를 타."

"너 때문에 돈 엄청 날렸잖아."

"너무 아깝다."

"……아깝긴 뭐가 아까워. 우리 사랑에 비하면 이건 아주 싼 거지."

사실 진호는 돈 날린 걸 생각하니 속이 좀 쓰렸다. 그래도 지금 이 순간이 행복했다.

미순이 진호의 귓가에 나지막한 목소리로 속삭였다.

"거대한 운명 같은 그대여, 죽어서도, 다시 살아도 지울 수 없는 사람아, 그대가 없으면 나도 없습니다."

"나도 그래. 너 없으면 안 될 것 같아."

깊은 밤, 둘의 달달한 대화는 끊이지 않았다.

"사다리 한번 탈까?"

팀장이 아침부터 이런 말을 꺼냈다.

최 대리도, 서 차장도 그리고 규호도 이게 무슨 소린가 하고 두 눈을 동그랗게 떴다.

최 대리가 고개를 내밀며 팀장에게 말했다.

"사다리요?"

규호도 바로 되물었다.

"팀장님, 아침부터 무슨 사다리예요?"

그러자 팀장은 대답했다.

"회사 앞에 커피 전문점 새로 생긴 거 못 봤어? 커피 맛 좀 봐야지. 사다리 한번 타자고."

누가 팀장의 말을 거역할 수 있을까. 다들 찬성했다. 그러나 규호는 속 시원하게 대답하지 않았다.

"자네는 안 할 거야?"

규호는 커피를 그리 좋아하지 않는다. 쓰디쓴 커피를 왜 마실까. 그리고 커피 값이 너무나 비싸다. 솔직히 사다리 타기에 참여하고 싶지 않았다. 하지만 직장 생활이란 걸 내 맘대로 할 수 있는가.

"자, 꼴등이 커피 한잔씩 돌리는 거야. 그리고 이왕 비참해진 거 끝까지 가자고. 꼴등이 커피 심부름도 다녀와야 해. 알겠지?"

'설마 내가 걸리겠어.'

다들 이런 마음으로 사다리 타기를 했다.

곧이어 결과가 나왔다. 규호가 딱 걸렸다. 속이 쓰렸지만 애써 태연한 척 미소 지었다.

"이참에 제가 한번 쏘죠 뭐."

규호는 사무실 밖으로 나가자마자 입술을 내밀며 투덜거렸다.

"하필이면 회사 앞에 생겨가지고."

규호는 커피 전문점 안으로 들어갔다.

"어서 오세요."

긴 생머리 아가씨의 낭랑한 목소리가 들려왔다.

"뭘 드릴까요?"

"에스프레소 하나하고요. 카푸치노 세 개요."

"테이크아웃이죠?"

"예."

규호는 기다리는 동안 잠시 의자에 앉아 잡지를 뒤적거렸다. 그런데 잡지에 집중할 수 없었다. 자꾸 눈길이 그녀에게 향했다.

"손님, 주문한 거 나왔습니다."

계산을 하려고 하는데 그녀가 대뜸 이렇게 말했다.

"손님이 저의 첫사랑이에요."

순간 규호는 얼음처럼 굳었다.

'내가 잘못 들었나? 그래, 분명히 내가 잘못 들었을 거야.'

규호는 손가락으로 귓구멍을 후볐다.

"손님이 저의 첫사랑이라고요."

"그, 그게 무슨 소리예요? 첫사랑이라니……."

규호는 멋쩍은 듯 웃으며 이어 말했다.

"이렇게 못생긴 얼굴은 흔치 않은데. 제가 그쪽 첫사랑과 닮았군요?"

그러자 그녀는 머리를 찰랑찰랑 흔들어대며 말했다.

"그게 아니고요. 손님은 오늘 제가 처음으로 탄 커피를 마시는 분이에요. 저는 사랑으로 커피를 만들거든요. 손님은 저의 사랑을 마시는 셈이죠. 그러니까 손님이 저의 사랑이죠."

규호의 기분은 묘했다. 비록 그녀의 진짜 첫사랑은 아니었지만 그런 고백을 들으니 마음이 설레고 떨렸다. 규호는 휘파람을 불며 사무실로 향했다.

하루가 기분 좋게 갔다.

"먼저 가보겠습니다."

"그래, 내일 회의 때까지 자료 잘 정리해 오고."

"네."

규호는 회사에서 나와 커피 전문점으로 향했다. 보이지 않는 끈이 규호를 강하게 잡아당기는 듯했다.

"카푸치노 하나 주세요."

"어머, 또 오셨네요."

그녀가 활짝 웃으며 규호에게 인사를 건넸다.

"저 기억하시네요?"

"당연하죠. 첫사랑인데요."

규호는 머리를 긁적거리며 미소 지었다.

그녀는 부드러운 목소리와 함께 카푸치노를 내밀었다.

"카푸치노, 나왔습니다. 참 왜 카푸치노라고 부르는지 아세요?"

"모르겠는데요."

"커피 위에 뜨는 이 우유 거품 있잖아요. 그 거품 색깔이 옛날 카푸치노 수도사들이 입던 옷 색깔과 비슷해서 그렇게 불린 거예요."

"아, 그렇군요. 감사합니다."

규호는 카푸치노 수도사들을 떠올리며 카푸치노를 마셨다. 아침에 마셨던 것보다 훨씬 더 맛있었다.

집에 도착하니, 수영이 규호에게 커피 한 잔을 내밀었다.

"오빠, 커피 한잔해."

"커, 커피? 뜬금없이 무슨……."

"인터넷 쇼핑몰에서 오빠 와이셔츠 하나 샀는데 서비스로 인스턴트커피 네 개를 줬더라고. 오랜만에 우리 커피 좀 마실까?"

"……좋지."

규호는 커피 한 모금을 후르르 마셨다.

"커피가 너무 달다. 쓰기도 하고."

"인스턴트가 다 그렇지 뭐."

"역시 다르네."

"뭐? 뭐가 다르다는 거야?"

"아, 아니야."

규호는 커피 잔을 들고 컴퓨터 앞으로 갔다. 그리고 습관처럼 컴퓨터를 켰다. 수영이 못마땅한 듯 말끝을 흐리며 말했다.

"또 컴퓨터야?"

"미안. 일이 좀 있어서."

"아무리 그래도 그렇지. 얼굴 보면서 커피 마실 시간도 없어?"

"미안. 다음에."

"뭐가 그렇게 바빠서 매일 다음이래."

수영은 잔뜩 서운함이 녹아 있는 목소리로 이어 말했다.

"곁에 있으면 뭐 해. 늘 외로운데."

규호는 고개를 돌려 말했다.

"뭐가 외로워. 그리고 왜 갑자기 외로움 타령이야?"

"갑자기가 아니야. 봐봐. 요즘 우리가 얼굴 보면서 대화한 적이 있어?"

규호는 짧은 한숨을 내쉬며 말했다.

"내가 남들처럼 게임을 하는 것도 아니잖아. 일하는 거잖아. 회사에서도 일하고 집에서도 일하고 안쓰럽지도 않나?"

"말을 말자."

토라진 수영이 휙 돌아 나갔다. 규호는 더 이상 모니터를 쳐다볼 수 없었다. 규호는 일어나 수영의 손목을 잡았다.

"그래, 알았어. 이번 주 토요일에 소원 하나 들어줄 테니까 생각하고 있어."

"치! 완전히 엎드려 절 받기네. 아무 소원이라도 다 되는 거지?"

"물론."

다음 날, 규호는 사무실에 가기 전에 커피 전문점에 들렀다.

"안녕하세요."

"어머, 첫사랑이 또 오셨네. 카푸치노?"

"예."

내가 손님이 아니라 그녀의 연인인가? 규호는 잠시 행복한 상상에 빠졌다. 규호는 커피 한 잔을 들고 서둘러 사무실로 향했다. 사무실에 도착한 규호는 황당한 광경과 마주쳤다. 남자 팀원들이 모두 커피를 들고 있었다. 그녀의 커피였다.

팀장은 규호를 보더니 크게 웃으며 말했다.

"규호 이 녀석도 그녀한테 빠졌네. 너한테도 첫사랑이라고 했냐?"

손님에게 첫사랑 어쩌고저쩌고하는 건 그녀의 상술이었다. 규호는 왠지 허탈했다. 그날따라 일이 손에 잡히지 않고 커피 맛은 정말로 밍밍했다.

토요일, 수영의 소원을 들어주기로 한 날이다.

"어서 말해봐. 그 대신 현실 가능한 거로 말해. 밤하늘에서 별을 따 오라거나 아니면 산을 옮기라거나 그런 거 말고. 그리고 이 소원 들어 주면 앞으로는 외롭다는 말 하면 안 돼. 알았지? 어서 말해봐. 소원이 뭐야?"

수영은 뜸을 들였다.

"어서 말해. 소원이 뭔지 궁금하잖아."

규호는 재촉했다. 잠시 뒤, 수영이 입을 열었다.

"일단 커피 두 잔 타 와. 인스턴트 두 개 남았어."

"알았어."

규호는 커피 두 잔을 타왔다.

"자, 여기. 이제 어서 말해."

수영은 아무 말 없이 커피만 마셨다. 규호도 커피를 마셨다.

"이렇게 시간 끌면 소원이 날아갈 수도 있어. 시간 제한이 있단 말 이야."

그러자 수영은 그윽하게 미소 지으며 말했다.

"됐어. 이제 다 됐어."

"되다니? 뭐가 돼? 소원 말 안 할 거야?"

"이게 내 소원이야. 함께 커피 마시며 얼굴 보는 거. 다 됐어."

수영의 소원은 참으로 소박했다. 순간 규호의 마음 한구석은 수영 에 대한 미안함과 고마움으로 가득 찼다.

"수영아, 앞으로 우리 토요일마다 이렇게 마주 앉아서 커피 마시자."

　규호는 커피 한 모금을 더 마셨다. 커피 맛이 꿀맛 같았다. 향기도 깊었다. 비록 인스턴트 커피였지만 정말로 맛있었다. 그녀가 타준 카푸치노보다 열 배, 아니 백 배는 더!

　"정말로 맛있다. 역시 커피는 수영이가 타줘야 맛있어."

　문득, 규호의 머릿속에 이런 광고 카피가 생각났다.

　'이 세상 가장 향기로운 커피는 당신과 함께 마시는 커피입니다.'

내 가슴이 따뜻했던 날들

초판 1쇄 인쇄 2023년 3월 8일
초판 1쇄 발행 2023년 3월 28일

지은이 | 김이율
펴낸이 | 김의수
펴낸곳 | 레몬북스(제396-2011-000158호)
주   소 | 경기도 고양시 덕양구 삼원로73 고양원흥 한일 윈스타 1406호
전   화 | 070-8886-8767
팩   스 | (031) 990-6890
이메일 | kus7777@hanmail.net

ISBN 979-11-91107-37-1 (03320)